Molino Rossetto
Mugnai dal 1843

Alimentiamo grandi passioni

L'arte di fare il pane in casa.

Per chi ama le buone abitudini di un tempo e per chi cerca ingredienti studiati per l'utilizzo professionale, Molino Rossetto riscopre le Farine macinate a pietra e le Farine di forza.

FARINE MACINATE A PIETRA
Il gusto autentico dei cereali

Farina integrale di grano duro Cappelli macinata a pietra. Dalle coltivazioni del grano Cappelli una farina integrale ricercata e dal sapore deciso; ideale per pani e focacce.

Farina integrale di grano tenero macinata a pietra. Una farina macinata a tutto corpo, ricca e dalla granulometria irregolare; ideale sia per preparazioni dolci che salate.

Farina di grano tenero Tipo 1 macinata a pietra. Solo i grani migliori per donare un sapore intenso a tutte le preparazioni.

FARINE DI FORZA
Il segreto per le lunghe lievitazioni

Farina W330. E' ideale per il rinfresco del lievito madre fresco e perfetta per realizzare pizza in teglia, brioches, ciabatte o altre lavorazioni ad alta idratazione.

Farina W400. Per un impasto resistente e tenace, è perfetta per i lievitati complessi come panettone, pandoro, colomba, veneziana, babà e savarin.

Manitoba. Dai grani canadesi una farina ideale per favorire la fermentazione, per rinforzare le farine più "deboli" e per la panificazione.

www.molinorossetto.com

DIFENDI IL CIBO VERO.

COI DENTI.

DIVENTA SOCIO SLOW FOOD.

Slow Food promuove il diritto al piacere, difende la centralità del cibo e il suo giusto valore. Ne fa conoscere l'infinita diversità: una ricchezza che appartiene a tutti.

Con Slow Food impari a riconoscere, scegliere e apprezzare il cibo vero, partendo dalla tavola e dalla gioia della convivialità.

Associandoti, sostieni i produttori virtuosi con mercati, eventi, Presìdi, guide, libri e attività didattiche.

Questo è il mondo Slow Food, fallo diventare anche tuo. Bastano 25 €. Mangiare buono, pulito e giusto è un diritto che ci appartiene.

Slow Food
WWW.SLOWFOOD.IT

Scuola di cucina
Slow Food

Pane, pizze e focacce

GIUNTI

Slow Food Editore

Scuola di Cucina 🐌 Slow Food®
(🐌 Slow Food® è un marchio registrato di proprietà di Slow Food Italia)

Curatori
Bianca Minerdo, Gilberto Venturini

Giunti Editore S.p.A.
Via Bolognese, 165 - 50139 Firenze - Italia
Piazza Virgilio, 4 - 20123 Milano - Italia
www.giunti.it

Responsabile editoriale
Davide Mazzanti

Progetto grafico
Yoshihito Furuya

Realizzazione editoriale
Paola Agostini e Mariarosa Brizzi;
Veronica Pellegrini e Laura Venturi

Slow Food® Editore Srl
Via della Mendicità Istruita, 14-45
12042 Bra (Cn)
www.slowfood.it

Direttore editoriale
Marco Bolasco

Coordinamento editoriale
Olivia Reviglio

Testi
Davide Longoni, **Marcella Cigognetti**

Realizzazione delle preparazioni
Davide Longoni

Contributi di
Grazia Novellini, Irene Capizzi

Si ringraziano inoltre
Gianfranco Fagnola, Marco Basso, Marco Locatelli, Roberto Marcarino, Francesco Perona, Luisella Verderi

Crediti fotografici
Tutte le immagini appartengono all'Archivio Slow Food/Marcello Marengo a eccezione delle seguenti:
© Archivio Slow Food/Tino Gerbaldo, pp. 9 (in alto), 10 (in alto), 22, 48 (in basso) 61 (in alto); © Archivio Slow Food/Alberto Peroli, p. 97; Fotolia: © lily p. 8, © tashka2000 p. 32, ©stefania57 p. 56.
L'Editore si dichiara disponibile a regolare le eventuali spettanze per quelle immagini di cui non sia stato possibile reperire la fonte.

© 2012 Giunti Editore S.p.A. / Slow Food® Editore Srl
Prima edizione: ottobre 2012

Ristampa	Anno
8 7 6 5 4 3	2017 2016 2015 2014

MISTO
Carta da fonti gestite
in maniera responsabile
FSC® C023532
FSC
www.fsc.org

Stampato presso Giunti Industrie Grafiche S.p.A. - Stabilimento di Prato

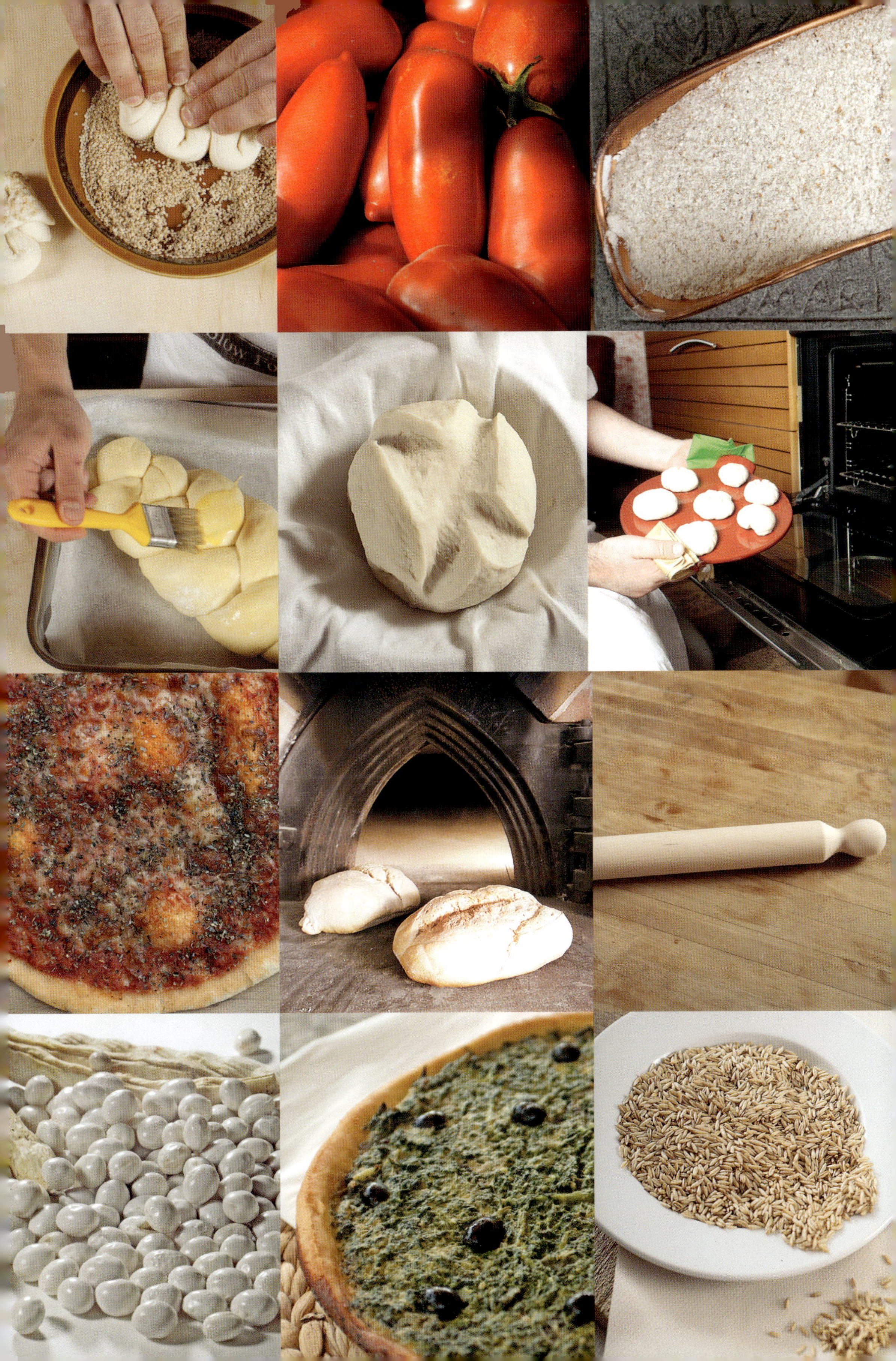

Premessa

Buono come il pane, non è pane per i tuoi denti, l'hanno comprato per un tozzo di pane, dire pane al pane e vino al vino, dovrà imparare a guadagnarsi il pane, chi ha denti non ha pane e chi ha pane non ha denti, un'arte che non dà pane, rendere pan per focaccia (quest'ultima frase comprova la stretta parentela fra due dei prodotti di cui stiamo per occuparci: il terzo, la pizza, è l'erede fortunata di un particolare tipo di focaccia).

Ma anche la moltiplicazione dei pani e dei pesci – episodio riportato da tutti e quattro gli evangelisti –, il «Dacci oggi il nostro pane quotidiano» del Padre Nostro, l'«Io sono il pane della vita» (Giovanni, 6, 35) e, prima, molte citazioni nel Vecchio Testamento. Il prestigio del pane, alimento fondante della civiltà mediterranea e cibo principe del continente europeo, deriva in larga misura dal suo valore di simbolo religioso. Per i cristiani rappresenta il corpo del Signore ed è, con il vino, strumento della comunicazione eucaristica con la divinità. Ma già in epoca pagana era considerato sacro: nella Roma repubblicana le classi dominanti celebravano il rito del matrimonio con la *confarreatio*, la spartizione tra gli sposi di una focaccia di farro, e offrivano agli dei il *libum*, un pane condito, e più tardi sostituito dal vino; un altro ingrediente sacrificale, la *mola salsa*, era uno sfarinato salato di spighe abbrustolite. Il pane esprime, inoltre, un alto grado di gerarchizzazione del potere civile, come attesta la derivazione dei termini inglesi *lord* e *lady* da vocaboli che indicavano rispettivamente il guardiano e la sovrintendente del pane. Questa centralità politica e sociale trova riscontro in eloquenti reperti dell'antico Egitto – luogo, se non di invenzione, di primo sviluppo e perfezionamento dell'arte panificatoria – e affonda le sue radici nel mondo classico. Per Omero solo i mangiatori di pane sono uomini (nel senso di uomini civili, contrapposti ai barbari che non se ne cibano) e lo stesso concetto autoreferenziale si trova nel racconto sumerico delle gesta di Gilgamesh, il primo poema epico della storia. L'arcaicità e l'abbondanza dei riferimenti portano a concludere che il pane sia cibo antichissimo, coevo all'uomo almeno nel significato di uomo civilizzato, quale è andato affermandosi dalla domesticazione di piante e animali in poi. In realtà, il pane – come alimento costituito da un impasto di acqua e farina, perlopiù condito con sale, lievitato e cotto in forno – è un prodotto la cui preparazione richiede competenze tecniche diversificate e complesse, inimmaginabili agli albori dell'agricoltura, quando neppure esistevano le materie prime per fabbricarlo. Ricordiamo infatti che i cereali di più antica coltivazione – originatisi nel territorio della Mezzaluna Fertile da specie spontanee del genere *Triticum* – avevano semi vestiti, saldamente attaccati alle glume e perciò non trebbiabili.

La storia del pane quale noi la conosciamo comincia quindi solo con la nascita, probabilmente dall'incrocio tra graminacee selvatiche ed erbe da pascolo steppico, di cereali dai chicchi facilmente sgusciabili: in particolare il frumento, "pianta di civiltà" che per i popoli del Mediterraneo e poi dell'Europa ha avuto un ruolo paragonabile a quello del riso per l'Est asiatico, del mais per le Americhe, del sorgo per l'Africa. Anche se, nei millenni, la definizione di pane è stata attribuita a una variegata gamma di cibi – misture di farine diverse, legumi, erbe, radici, castagne, ghiande e, per le mense dei poverissimi, terra; impasti non lievitati, fondamentali nella cultura ebraica ma tipici anche della tradizione regionale italiana, quali piade e farinate; succedanei antichi e moderni, dai grissini ai cracker, dalle fette biscottate ai cornflakes –, il prototipo resta quello che si cuoceva nei forni dell'Egitto dei faraoni, che impegnava i *pistores* nella Roma del II secolo a.C., sul quale vigilavano il *lord* e la *lady* britannici. Un alimento composto da pochi, semplici ingredienti da trattare con sapienza e pazienza. Ma declinato, per restare al nostro Paese, in almeno 200 tipi, numero sul quale concordano il repertorio dell'Istituto nazionale di sociologia rurale e l'elenco ministeriale dei prodotti agroalimentari tradizionali.

Sommario

Dal cereale al pane

La materia prima 8
Aspetti nutrizionali 9
Cereali e affini 10
Il pane per i celiaci: senza glutine 18

Gli ingredienti 19
La farina 20
I lieviti 23
Il sale 25
I grassi 26
Il malto 26
Il miele 26

L'attrezzatura 27
Strumenti necessari 27

Il pane

Preparare il pane 32
La panificazione 33

La lievitazione 34
L'uso del lievito di birra: impasti diretti e indiretti 34
Il lievito madre: preparazione e rinfreschi 38

L'impasto 42
Gli impasti molli 42
Gli impasti duri 46

Le forme 49

Pani speciali 55
Michetta 55
Pane di segale integrale 55
Treccia challah (pane del sabato ebraico) 56
Grissini 56

La cottura 61
Il forno di casa 61
Il forno a legna 62
La macchina del pane 63
Dove ho sbagliato: i difetti del pane e le relative cause 64

LE RICETTE 66

Le focacce e le pizze

Cenni storico-gastronomici 84

Le focacce 86
Focaccia di Voltri 88
Focaccia di Recco 88
Schiacciata con i ciccioli 89
Crescia maceratese 89
Schiacciata con l'uva fresca 90

Le pizze 92
La pasta della pizza 93
Le farciture 97
La pizza Margherita 97
Le pizze con le verdure 98
Le pizze con i salumi 99
Calzone 100
Calzone con lo spunzale 100
Sfincione 101
Rianata 102
Torta con le erbe 102
Pizzalandrea 103
Pitta calabrese 103

LE RICETTE 104

Indice delle preparazioni 124
Indice delle ricette 125

Il simbolo rimanda a ricette riportate nella sezione preposta all'interno del volume.

I box contrassegnati da questo simbolo contengono riferimenti ai temi che riguardano i valori, i principi e gli ideali di Slow Food: la sostenibilità ambientale ed etica delle produzioni agricole e alimentari, la difesa delle tradizioni gastronomiche regionali, il rispetto dei consumatori e dei produttori.

I box contrassegnati da questo simbolo illustrano prodotti dei Presìdi Slow Food. Questi riuniscono in Italia oltre 1300 piccoli produttori e allevatori che, con il proprio lavoro quotidiano, svolto spesso in aree marginali, preservano grandi tradizioni gastronomiche: formaggi e salumi di eccellenza, legumi e ortaggi rari, pani e dolci, frutto di saperi antichi. Slow Food li ha valorizzati e riportati sul mercato per garantire a queste produzioni un futuro nel rispetto dell'ambiente, del territorio e della cultura di cui sono eredi e testimoni (www.presidislowfood.it).

Dal cereale al pane

La materia prima

Il pane, alimento composto da pochi e semplici ingredienti, si può declinare in numerose forme e tipologie.

Fare il pane in casa è molto più di una moda salutista o di una scelta economica: significa riappropriarsi di capacità manuali e modalità conviviali antiche, significa saper rispettare il lavoro di un'incalcolabile schiera di microrganismi lievitanti, per ottenerne l'indispensabile collaborazione.

Per migliaia di anni fare gli impasti da pane è stata un'attività domestica, soltanto in seguito le specializzazioni di arti e mestieri hanno creato la figura professionale del panificatore. Con questo volume si vogliono fornire le basi per preparare il pane in casa utilizzando pochi strumenti, ingredienti di facile reperibilità e tecniche semplici. L'unica richiesta è il tempo: sono necessarie almeno quattro o cinque ore, dall'impasto alla cottura; in queste ore sperimenterete il gusto dell'attesa dell'impasto che cresce come una materia viva, con lo stesso stupore dei primi panificatori migliaia di anni fa.

Produrre pane in casa sarà un esercizio che coinvolge tutta la famiglia: può forse esserci piacere più semplice e appagante di una pagnotta appena sfornata e della fragranza che si diffonde per la casa la domenica mattina?

Aspetti nutrizionali

Prodotto con farine di vario genere, acqua e sale, il pane rappresenta da sempre uno degli alimenti più importanti in moltissime culture, anche da un punto di vista simbolico e rituale. Se nel passato è stato fondamentale per tenere lontano l'incubo della fame, in questo ultimo secolo di abbondanza alimentare è consumato in modo sempre più limitato, perché ritenuto erroneamente responsabile di sovrappeso e obesità. Questa falsa credenza ha la sua prima smentita nella piramide alimentare del modello mediterraneo: qui troviamo il pane tra i cardini dell'alimentazione assieme a moltissimi cereali e loro derivati (pasta, riso, orzo, farro, mais...). È costituito per circa il 60-65% da carboidrati, la maggior parte dei quali sono amidi, ovvero zuccheri complessi che richiedono un lento processo digestivo per essere trasformati in glucosio, il carburante indispensabile al nostro organismo. In questo modo l'energia contenuta in esso viene rilasciata in modo lento e costante dopo i pasti, favorendo così il controllo della fame e un minor consumo di alimenti fuori pasto, spesso ricchi di grassi e zuccheri semplici, i veri responsabili dei problemi di peso e di salute.

Come per tutto ciò che mangiamo, anche per il pane sono fondamentali gli ingredienti con i quali è stato confezionato poiché ne influenzano in modo significativo la qualità e il contenuto energetico. Se nel pane comune la presenza di grassi è pari allo 0,5-1% circa, non si può dire altrettanto di pani speciali preparati con olio extravergine di oliva, olio di sansa, strutto o altri oli vegetali spesso di basso profilo qualitativo; chiediamo quindi sempre al nostro panettiere informazioni sul prodotto che acquistiamo. Possiamo anche provare gustose e nutrienti alternative al pane bianco rivolgendoci a quelli fatti

La professione del panificatore è piuttosto recente. Per migliaia di anni, infatti, la preparazione del pane è stata un'attività domestica.

con farine di kamut, farro, segale, frumento o altri cereali integrali. più ricchi di fibre, vitamine del gruppo B e minerali, in particolare ferro, magnesio, zinco.

Se poi vogliamo assaporare il gusto del pane "di una volta" dobbiamo orientarci sul pane prodotto con lievito madre, che si basa su una lievitazione lenta e naturale, durante la quale avvengono processi di fermentazione per opera dei microrganismi, naturalmente presenti nell'acqua, nella farina e nell'ambiente, per la maggior parte rappresentati da batteri lattici, responsabili anche dell'aromaticità del prodotto finale. Il pane prodotto con lievito madre risulta, inoltre, molto più digeribile rispetto a quello comune. Durante la lenta lavorazione, infatti, all'interno del composto i granuli di amido della farina si idratano con l'acqua utilizzata per impastare e si attivano numerosi processi enzimatici che favoriscono una "predigestione" dell'amido, trasformandolo in zuccheri dalla struttura più semplice; il prodotto finale risulterà quindi più facilmente assimilabile.

Per finire, questo pane, se prodotto con farine di alta qualità, magari macinate a pietra, garantisce un patrimonio di micronutrienti preziosissimo, mentre il processo di produzione industriale impoverisce le farine, in particolare del loro contenuto vitaminico e dei minerali, a causa dei processi ossidativi che si sviluppano con il calore generato dal movimento dei rulli di acciaio utilizzati per la molitura meccanica.

Cereali e affini

Per fare il pane generalmente si utilizzano gli sfarinati provenienti dalla macinazione dei chicchi di cereali della famiglia delle Graminacee. Per scegliere la farina giusta o, più spesso, la giusta miscela di farine, bisogna conoscerne le caratteristiche, le proprietà, la resa nella panificazione. La prima distinzione, fondamentale, riguarda i cereali da cui si ricavano le farine. Nel nostro paese il ruolo principale è svolto dal grano tenero al Nord e al Centro e dal grano duro al Sud. Seguono,

Per fare il pane si utilizzano farinacei ottenuti dalla lavorazione di cereali, come grano, orzo, mais e molti altri.

spesso mescolati tra di loro e con il frumento tenero, la segale, il farro, l'orzo e, con risultati meno entusiasmanti, l'avena, il mais, il grano saraceno (che però non è una graminacea) e persino il riso.

Il frumento

È il nome comune, come l'ancora più generico grano, di varie erbacee del genere *Triticum*, della famiglia delle Graminacee, costituita da oltre 360 tipi di "spighe", domesticate forse 7000 anni fa in Mesopotamia e coltivate in tutto il mondo per gli sfarinati che si ricavano dalle loro cariossidi.

Il frumento è ricco di carboidrati (mediamente il 72%), costituiti per la maggior parte da amido. Il contenuto in proteine è variabile dal 7 al 18%. I lipidi variano dall'1 al 2% e sono presenti prevalentemente nel germe di grano. La produzione italiana, che copre solo in parte il fabbisogno nazionale, è concentrata per le varietà tenere nella Pianura Padana e per le dure, che hanno rese inferiori, nelle più assolate regioni centromeridionali, con prevalenza di Puglia e Sicilia.

Chicchi di grano duro.

• **Il grano tenero.** In virtù di interessanti caratteristiche, come il granello a frattura farinosa e il buon contenuto proteico, in particolare di glutine e amido, il *Triticum aestivum* è considerato il più adatto a essere panificato (è il cereale con cui si produce oltre l'80% dei pani italiani). Gli impasti riescono facilmente a trattenere i gas scatenati dal processo fermentativo

---

Il kamut®

Kamut® è il nome commerciale, registrato da una società statunitense, di un grano duro appartenente alla specie *Triticum turanicum turgidum*: grano ad alto tenore proteico e con una buona qualità del glutine.
Originario del Medio Oriente, questo grano è stato riscoperto dopo un lungo oblio per le ottime caratteristiche nutrizionali: non avendo mai subito le moderne tecniche di manipolazione genetica, che sacrificano sapore e contenuto nutrizionale a vantaggio di rendimenti elevati, ha un'ottima digeribilità. La caratteristica nutrizionale più importante è l'elevata concentrazione di selenio, minerale che riduce la formazione dei radicali liberi, corresponsabili dello sviluppo di malattie cardiovascolari.

Chicchi di mais.

della lievitazione e non trattengono troppa umidità. La farina di grano tenero è, inoltre, un supporto fondamentale per tutti gli impasti derivati da quelle cosiddette "deboli", che hanno una minore frazione proteica – orzo, segale, avena, mais, riso ma anche grano saraceno, miglio – e risultano poco elastiche e poco lavorabili, per cui necessitano della sua "forza".

• **Il grano duro.** Dalla macinazione di questo frumento (*Triticum turgidum durum*), dal granello a frattura vitrea, che contiene più glutine e più proteine di quello tenero, si ottiene una semola di granulosità quasi sabbiosa, che per fare il pane va ulteriormente rimacinata. Con essa si confezionano tutti i pani "tipo Altamura" e ovviamente l'originale.

Il mais

Da *mahiz*, vocabolo della lingua parlata ad Haiti ai tempi dello sbarco di Colombo, deriva uno dei nomi di un cereale, autoctono dell'America centromeridionale, chiamato all'epoca della sua scoperta "grano turco", con un'aggettivazione comune a molto di ciò che aveva origini coloniali o esotiche. Introdotto in Europa (si coltivava nel Veneto già a metà del Cinquecento), nei secoli successivi il mais divenne, da mangime per il bestiame, il fulcro della dieta dei contadini poveri dell'Italia settentrionale che, cibandosi talvolta esclusivamente di polenta scondita, rischiavano una grave avitaminosi, la pellagra, che divenne endemica nell'arco alpino sino a fine Ottocento.

I frutti del granturco (*Zea mays*) sono cariossidi di colore giallo intenso o bianco. Le numerose varietà e i numerosissimi ibridi di mais si differenziano per tempo di maturazione (da 2 a 10-11 mesi), colore delle foglie e dei frutti, lunghezza della pannocchia (10-50 centimetri), numero di file (8-36), morfologia e destinazione dei chicchi. Il mais non contiene glutine e, pertanto, può essere utilizzato nell'alimentazione dei celiaci.

Se ne ricavano principalmente tre tipi di sfarinati: la farina che si ottiene dalla prima macinazione, a grana grossa, è detta bramata ed è utilizzata per ottenere polente particolarmente saporite e gustose; una seconda tipologia è il fioretto, più fine rispetto alla prima e usato per la preparazione di polente pasticciate, morbide e delicate; l'ultima tipologia è il fumetto di mais, finissimo e adatto alla produzione di pane e dolci. I pani di mais in Italia sono tanti e coincidono con le zone di maggior coltivazione e consumo del mais. Li troviamo in Piemonte (pane di meliga di Novara), in Lombardia (pane di melica lodigiano), in Veneto e in Friuli, dove diventa pan di casa e grispolenta, in Emilia, in Toscana (pan di formenton), in Calabria dove il pane pizzata, poco lievitato e schiacciato, include, oltre alla farina di mais, foglie secche di castagno.

Una spiga di orzo.

L'orzo

Pianta cerealicola delle Graminacee (*Hordeum vulgare*) è coltivata fin dal Neolitico a tutte le latitudini e in numerose varietà, a semina primaverile o invernale, per la produzione, oltre che di mangimi zootecnici, di farine alimentari, di malto e quindi di bevande fermentate. Le cariossidi possono essere trasformate in farina, usata anche per la panificazione ma mescolata con altre, in modo particolare di frumento. Il pane di solo orzo è, infatti, difficile da fare perché ha poco glutine.
Si producono pani d'orzo in Liguria, nella zona di Taggia (pan d'ordiu), in Puglia, nel Salento e in Sardegna (oriattu).

La filiera corta

Quello dei cereali è un caso esemplare di mercato globalizzato: le farine prodotte dai mulini italiani sono un blend (una mistura) ottenuto dalla macinazione di diverse varietà di frumento provenienti dai quattro continenti con tutte le conseguenze del caso: anidride carbonica prodotta nei trasferimenti, abbandono di terreni agricoli, trattamento dei cereali con antimuffa per i lunghi trasferimenti in nave, standardizzazione delle varietà coltivate.

In Italia, tuttavia, negli ultimi anni stiamo assistendo a una significativa controtendenza: si stanno infatti moltiplicando diversi progetti di filiera corta, che prevedono la coltivazione di varietà antiche di frumento e la macinazione presso mulini artigianali. Slow Food è promotore di queste iniziative, tra le quali segnaliamo Nutrire Milano, un progetto di filiera corta nel Parco Agricolo Sud Milano (www.nutriremilano.it).

Una spiga di farro.

Il farro

Nome attribuito a tre specie di cereali del genere *Triticum*, il *T. monococcum* (farro piccolo), il *T. dicoccum* (farro medio o spelta) e il *T. spelta* (farro grande, granfarro o spelta maggiore), comunemente detti "frumenti vestiti" per la tenace aderenza dell'involucro ai minuscoli granelli ovali: per liberarli dalla pellicola, oltre che a trebbiatura, vanno infatti sottoposti a un altro processo di pulitura, la sbramatura.

Il farro, in particolare il monococco che, discendente del selvatico *T. boeticum* di cui si sono trovati in Turchia fossili databili al X-IX millennio a.C., pare essere stato coltivato fin dai primordi dell'agricoltura, è – con ogni probabilità – il progenitore di tutte le Graminacee del genere *Triticum*, quindi anche del frumento. È il cereale meno calorico in assoluto (335 calorie per 100 grammi) ma ha un buon apporto proteico (15%). Riscoperto grazie alle ottime proprietà dietetiche, è coltivato prevalentemente in Toscana e Umbria. La sua principale caratteristica nutrizionale è il potere antiossidante, dovuto all'alto contenuto di selenio e acido fitico che si oppongono alla formazione dei radicali liberi.

Con la farina di farro si produce un ottimo pane particolarmente aromatico, che la tradizione lega alle zone di maggiore coltivazione: quelle del centro Italia, in particolare la Toscana (dove il farro della Garfagnana ha ottenuto la certificazione Igp), ma anche le Marche e l'Umbria.

L'Ur-Paarl

Versione rara e tradizionale del Paarl, che significa "coppia", questo pane, Presidio Slow Food, si prepara con farina di segale, farina di farro, lievito madre, semi di finocchio selvatico, cumino e *Trigonella cerulea*. La forma è una specie di otto schiacciato, ottenuto unendo due pani rotondi e piatti. La sua riscoperta è avvenuta grazie al recupero della ricetta custodita dall'ultimo frate fornaio del convento benedettino di Monte Maria, nel comune di Malles in Val Venosta. Ha crosta morbida e scura e pasta soffice.

La segale (o segala)

Originaria dell'Asia Minore e diffusamente coltivata nei paesi dell'Europa centrosettentrionale, *Secale cereale* è una graminacea alta fino a 2 metri, le cui compatte spighe cilindriche racchiudono numerosi granelli bruni o grigiastri, più lunghi e stretti di quelli del frumento. Tradizionalmente considerato un cerale povero, la segale è più nutriente del frumento. Consumata integrale, arriva a un contenuto proteico del 16% oltre ad avere un alto tenore di fosforo. Se ne ricavano sfarinati a diversi gradi di abburattamento, usati – in genere mescolati ad altre farine – per produrre pani e grissini pesanti e dalla colorazione scura. Il pane di segale integrale è un pane poco lievitato, perché la farina di segale tende ad assorbire molta acqua durante l'impasto, ha un basso contenuto di proteine e, quindi, di glutine, per cui lievita con difficoltà. In Italia le zone tipiche di produzione del pane di segale sono il Trentino Alto Adige (il Vinschger Paarl, lo Schüttelbrot della Valle Isarco e il Pusterer Breatl della Val Pusteria), la Valle d'Aosta e il Piemonte (il pan nér, il pan ed biava della val d'Ossola, il pane nero di Coimo), la Lombardia (il seghel de mont della Valtellina). È un pane molto diffuso nelle zone alpine e, al di fuori dei confini nazionali, lo si trova in Svizzera, in Austria, in Germania e, nel Nord Europa, in tutta l'area scandinava e in Russia.

Il grano saraceno

Pianta erbacea appartenente alla famiglia delle Poligonacee (*Fagopyrum esculentum* o *sagittatum*), classificata commercialmente tra i cereali, dai cui piccoli semi, quasi triangolari e di colore bruno, si ricavano sfarinati scuri, detti bigi, di gusto leggermente acre, che in passato avevano largo impiego soprattutto nell'arco alpino centrale per la preparazione di pani, polente e paste alimentari. Originario dell'Asia, importato in Italia forse dagli Arabi (ma il nome potrebbe essergli derivato dal colore "moro" dei chicchi), il grano saraceno negli ultimi tempi ha ripreso terreno, non solo in montagna, per ragioni dietetiche (non essendo un cereale, è privo di glutine, ha un elevato contenuto

Chicchi di segale.

Il triticale

Il termine "triticale" deriva dalla fusione dei due nomi latini *Triticum e Secale*, che indicano il genere di due cereali, il grano e la segale. Si tratta di un ibrido artificiale tra la segale e il grano tenero o altre varietà del genere *Triticum*. In questa pianta, si associano la resistenza al freddo della segale e l'attitudine alla panificazione del frumento. Creato alla fine dell'Ottocento, solo adesso viene coltivato su larga scala, soprattutto nei Paesi del Nord Europa, negli Stati Uniti, in Canada e in Brasile.

di proteine come la lisina, contiene amido a più lenta digestione ed è quindi particolarmente indicato nella dieta dei diabetici) e organolettiche: l'aggiunta di una certa quantità di questa farina rende pane e polente particolarmente saporite. Per la panificazione è utilizzato insieme ad altri cereali come segale e grano.

L'avena
Pianta delle Graminacee di aspetto simile al frumento ma con chicchi più lunghi e stretti, di cui oltre a quelle selvatiche esistono specie, coltivate soprattutto nel Nord Europa, di interesse zootecnico e anche culinario (*Avena sativa*).
Difficili da decorticare e meno conservabili di altre granaglie, le cariossidi dell'avena sono poco usate per il consumo umano, almeno in Italia, dove si presentano per lo più in forma di fiocchi o di farina finissima per pani, pasticceria e alimenti infantili. Pur essendo ricca di proteine (17%), l'avena non è provvista di quelle del glutine (gliadine e glutenine), ciò la rende, se usata da sola, un ingrediente poco adatto alla produzione di alimenti lievitati. Contiene meno carboidrati rispetto agli altri cereali ed è quello che contiene più grassi. Se a questo aggiungiamo l'11% di fibre, abbiamo uno dei cereali con il più basso indice glicemico. Inoltre è ricca di potassio e di vitamine del gruppo B. In Italia le zone dove si preparano pani con farina derivata dall'avena sono limitate alla montagna alpina e all'alto Appennino abruzzese; più spesso essa è utilizzata in associazione ad altri cereali, come per esempio nella pagnotta ai quattro tritelli della zona di Bolzano.

Il fiore del grano saraceno.

Chicchi di avena decorticata.

Il miglio

Graminacea (*Panicum miliaceum*) di origine asiatica già ben nota a Greci e Romani, in Europa ebbe una notevole importanza alimentare fino all'introduzione del riso e del mais, che l'hanno per lungo tempo soppiantata. Un tempo il cereale era molto usato anche per fare il pane, ne restano tracce nella cucina tradizionale in alcuni pani dolci, come il pan de mai lombardo (anche se oggi al miglio si sostituisce il mais) o il migliaccio.

Il sorgo

Il sorgo (*Sorghum vulgare*) è una pianta erbacea della famiglia delle Graminacee. Il cereale è molto usato in Africa, un po' meno in Europa. Può essere usato come foraggio per il bestiame ma anche come alimento, sotto forma di farina. In passato una particolare varietà detta saggina si usava per la fabbricazione artigianale di scope e spazzole. La semola che se ne ricava possiede una grande quantità di fibre, è priva di glutine e ha buon sapore.

L'amaranto

Questa pianta non fa parte della famiglia delle Graminacee, ma di quella delle Amarantacee, per cui, come il grano saraceno e la quinoa, non si tratta in realtà di un cereale. La farina che se ne deriva è ricca di amidi, di proteine facilmente assimilabili e di sali minerali.

Grano saraceno della Valtellina

Oggi Presidio Slow Food, un tempo era il "furmentun" o la "farina negra", un alimento onnipresente sulla tavola dei contadini valtellinesi. È un grano tardivo, seminato a metà luglio e raccolto a ottobre. Rustico, resistente alle temperature fredde e alle altitudini elevate, fino agli anni Settanta era la coltura più tipica della valle ed è stata recuperata da alcuni produttori. Ottimo il kiscioeul, una focaccia tipica della zona di Tirano, preparata con farina nera e farcita di buon casera stagionato.

Pane e fame

La parola pane ha una certa assonanza con la parola fame. In tempi di guerre e carestie il pane è stato l'alimento che ha permesso a intere popolazioni di sopravvivere, ma purtroppo, nei momenti più bui, la farina di cereali poteva non essere sufficiente.
Si legge di pani impastati anche con la farina di ghiande, ma la pratica più comune era di tagliare la farina di grano con quello che c'era a disposizione: mais, riso, castagne, patate. Alcuni di questi pani sono sopravvissuti fino ai giorni nostri diventando parte della storia gastronomica: tra i tanti si segnalano la marocca di Casola, con farina di castagne, e il pane di patate della Garfagnana, entrambi Presìdi Slow Food.

IL PANE PER I CELIACI: SENZA GLUTINE

Oggi in commercio si trovano molti sfarinati senza glutine, che possono quindi essere consumati anche da coloro che soffrono di celiachia; alcuni sono specifici per il pane fatto in casa. Si possono impiegare anche farine di riso, mais, miglio, sorgo rosso e di quelle piante che, come abbiamo detto, non sono veri e propri cereali (grano saraceno, amaranto e quinoa).

Naturalmente occorre assicurarsi che queste farine siano garantite da contaminazione. A questo scopo è fondamentale consultare il *Prontuario degli alimenti* edito annualmente dall'Associazione Italiana Celiachia (www.celiachia.it), dove vengono elencati i prodotti idonei al consumo da parte dei celiaci. Bisogna anche leggere con attenzione le informazioni riportate sulla confezione, controllando che sia presente la dicitura "senza glutine".

Lavorare queste materie prime richiede però un po' di esperienza e di dimestichezza con le varie miscele, con la loro resa e con l'efficacia dei diversi lieviti in assenza di glutine. In generale l'impasto senza glutine fatica a lievitare e tende a seccare più facilmente. L'aggiunta di un cucchiaio di olio extravergine di oliva può essere utile per ammorbidire il composto, mentre fare riposare l'impasto avvolto nella pellicola per alimenti è un accorgimento per aumentarne l'elasticità.

Il pane per i celiaci si può preparare anche con farina di legumi (ceci, lenticchie, fagioli). Anche queste farine, tuttavia, sono prive delle proteine gliadina e glutenina per cui, aggiunta l'acqua, non si forma il glutine e quindi il reticolo che tiene insieme l'impasto. Ma scaldando la farina per 3 ore a 90 °C si possono denaturare le proteine presenti, srotolandole in filamenti che intrecciandosi fra di loro formano una rete. Il composto ottenuto con l'aggiunta di acqua fredda può essere utilizzato come se fosse stato preparato con una farina tradizionale. Il pane realizzato avrà, naturalmente, il gusto dello sfarinato utilizzato. Anche in questo caso, ricordiamoci di verificare l'assenza di contaminazioni, consultando il Prontuario AIC o cercando in etichetta la dicitura "senza glutine".

Gli ingredienti

La realizzazione del pane richiede pochissimi e semplici ingredienti, ciononostante i pani che si possono produrre sono moltissimi e molto diversi fra di loro.

L'ingrediente fondamentale, la farina, oltre che derivare da differenti tipi di cereali, può contenere più o meno proteine, essere macinata con tecniche diverse, essere più o meno raffinata. Anche i metodi di lievitazione possono diversificarsi in base alle intenzioni del panettiere o alle tradizioni che si intendono seguire. Se poi includiamo le variabili dell'acqua, dei grassi, del sale e degli zuccheri e anche quella del formato, le possibilità di ottenere pani di diversa qualità e fattura sono praticamente quasi infinite.

La straordinaria ricchezza, dal punto di vista degli impasti e delle ricette, è proprio quello che abbiamo voluto illustrare in questo volume.

Un mulino a pietra per la macinatura dei cereali. Questa tradizionale tecnica garantisce farine saporite, profumate e con qualità nutrizionali elevate.

Un buratto industriale, composto da un cilindro dotato di pareti di tela, attraverso il quale passa la farina ma non la crusca.

La farina

È il prodotto ottenuto dalla macinazione dei cereali, pertanto una prima distinzione tra le differenti farine si deve fare in base alla tecnica utilizzata.

La **macinatura a pietra** è la tecnica tradizionale; se svolta da un mugnaio capace, è da preferire per il rispetto che ha del cereale. Un punto a favore è rappresentato dalla scarsa velocità che la ruota mobile raggiunge durante la lavorazione (circa 100 giri al minuto). Questo da una parte abbassa la produzione giornaliera, dall'altra mantiene bassa la temperatura durante la lavorazione e fa sì che la farina non corra rischi di "cottura", preservandone al meglio il sapore. Inoltre con questo trattamento si permette al germe e ad alcuni oli essenziali di amalgamarsi con la parte amidacea. Ciò da un lato migliora il sapore, il profumo e le qualità nutrizionali della farina, ma dall'altro ne limita la durata: si parla di 5-6 mesi contro gli 8-14 delle altre farine, per il contenuto di oli che tendono a irrancidire. Amalgamandosi, gli amidi e i lipidi danno un prodotto finale ricco di enzimi, vitamine e componenti aromatiche.

La **macinatura a laminatoi**, conseguente alla rivoluzione industriale, si avvale di moderni macchinari, che consentono la lavorazione di grandi quantità di cereali. Ma è la velocità il tallone di Achille del laminatoio, perché la temperatura innescata dall'alta velocità (da 240 a 800 giri al minuto) può raggiungere livelli critici.

La funzione dei cilindri si esplica nello sfogliare il chicco a partire dagli strati più esterni per finire con quelli più interni, agendo come se ogni pellicola venisse strappata e arrivando a una depurazione molto profonda, che impoverisce la farina, peraltro già sotto shock per il surriscaldamento provocato dall'alta velocità di macinazione. Lo stesso cereale dà, con questo sistema, un prodotto nettamente inferiore.

L'**abburattamento**, processo successivo alla macinazione, consiste nel separare la farina da crusca e cruschello, setacciando il prodotto della molitura con il buratto, un tamburo rotante dalle pareti in tela. Anticamente si effettuava questa operazione facendo passare il prodotto della macinazione in vari setacci di volta in volta più fini. Il grado di abburattamento indica la quantità di farina ottenuta da 100 chili di cereale: più è alto il valore, maggiore è il contenuto di sostanze aromatiche e nutritive, minore il livello di raffinazione. Le farine di grano tenero sono classificate dalla legge, secondo il grado di setacciatura operato, in farine tipo 00, la più fine, 0, 1, 2 e integrale, che contiene tutto il macinato e ha, quindi, un contenuto di proteine maggiore (parte di queste derivano però dalla crusca e non contribuiscono alla formazione del glutine e, per questo, la lievitazione può essere molto difficile).

Sacchi di farina con caratteristiche diverse.

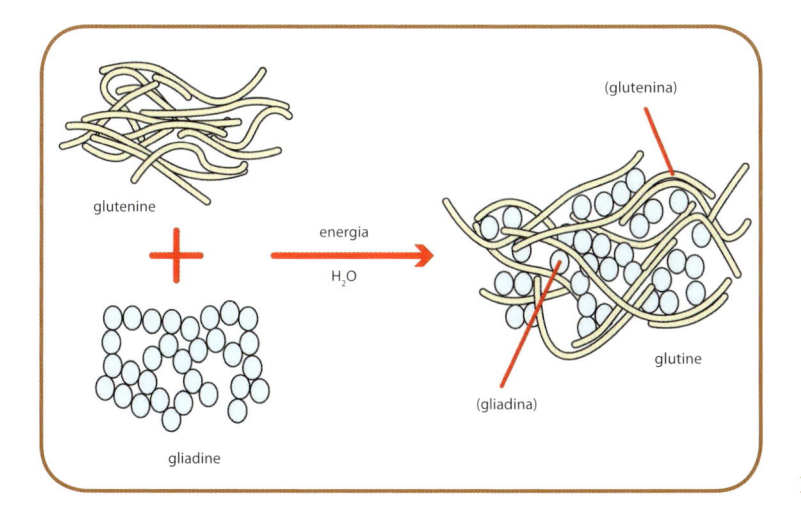

Le caratteristiche da ricercare ai fini della resa finale sono:
- buon volume;
- resistenza durante la lavorazione;
- tollerabilità alla fermentazione;
- un buon grado di assorbimento dell'acqua;
- estensibilità.

In base poi al cosiddetto fattore di panificabilità (direttamente proporzionale al contenuto di proteine della farina stessa, in particolare gliadina e glutenina, che insieme compongono il glutine), si distinguono **farine deboli**, **medie**, **forti**. Una farina forte assorbe una maggiore quantità di acqua, per cui l'impa-

Reticolo glutinico.

Gli ingredienti

sto che ne deriva risulta più resistente alla lievitazione, più tenace e meno soggetto a sgonfiarsi. La forza della farina si misura con apposite prove meccaniche sull'impasto ed è classificata in base a un indicatore (W). Il valore minimo per ottenere un buon pane è di 150 W, il record di forza spetta alle farine canadesi manitoba che hanno un W che sfiora i 500. La forza della farina non viene però indicata nelle confezioni da un chilo normalmente in vendita per l'uso domestico. Una ragionevole approssimazione si può ricavare dalla percentuale di proteine indicata nella tabella nutrizionale, che molte, ma purtroppo non tutte, le confezioni riportano.

Il vecchio mulino a pietra

I primi mulini consistevano in una superficie piana di roccia, giustamente resistente, sulla quale erano sparse manciate di frumento; i chicchi erano frantumati mediante l'utilizzo di altra pietra dura sovrapposta, contraddistinta da forma vagamente tonda o piatta. Molto più funzionali quelli attuali, che oggi rari mugnai, sposando la via qualitativa, utilizzano: le pietre devono rispondere a precisi requisiti di durezza, porosità e omogeneità strutturali.

Oggi le farine che si acquistano sono quasi sempre prodotte da miscele di cereali differenti: questo permette di proporre farine con caratteristiche di panificabilità standardizzate e stabili. Spesso il mulino stesso indica sul sacchetto quali prodotti possono essere ottenuti con quello sfarinato. Consigliamo di acquistare la farina non al supermercato, ma presso un mulino, in modo da poter chiedere al mugnaio la farina giusta.

Forza della farina	Proteine (%)	Utilizzo
90-130	9-10,5	biscotti
130-200	10-11	grissini, cracker
170-220	10,5-11,5	pane comune, pancarré, pizze, focacce
220-240	12-12,5	baguette, pane comune a impasto diretto e biga di 5-6 h
300-310	13	pane lavorato, pasticceria, biga di 15 h
340-400	13,5-15	pane soffiato, panettone, biga di oltre 15 h

Una pagnotta in fase di lievitazione.

I lieviti

La lievitazione è la fermentazione dell'impasto di acqua e farina, che subisce una trasformazione biologica, producendo del gas (generalmente anidride carbonica) responsabile del rigonfiamento dell'impasto. La maggior parte delle farine, quando vengono impastate con l'acqua, sviluppano, anche se non tutte nella stessa misura, il glutine (gliadine e glutenine) e, sotto la spinta della manipolazione, formano una sorta di rete, capace di intrappolare l'anidride carbonica che, essendo elastica, può contenere volumi non indifferenti di gas senza spezzarsi, producendo, come conseguenza, un aumento di volume dell'impasto.

Gli ingredienti

Il glutine è quindi il punto di partenza delle varie trasformazioni chimiche che porteranno alla formazione del pane. Una buona quantità di glutine è essenziale per produrre un pane soffice e alveolato.

Nella moderna panificazione si utilizzano il lievito di birra, il lievito chimico e il lievito madre (o pasta madre).

• **Lievito di birra.** Ampiamente utilizzato per la sua rapidità di azione, un tempo era ottenuto dal residuo della fabbricazione della bevanda, mentre oggi si ricava dalla coltura di particolari ceppi microrganici (*Saccaromyces cerevisiae*) e si trova in commercio fresco, liofilizzato o sotto forma di panetti com-

L'acqua

L'acqua gioca un ruolo fondamentale in quanto influenza le qualità organolettiche del pane. Non è sufficiente che sia potabile o non inquinata, non deve essere troppo dura né troppo dolce e, se si utilizza lievito naturale, non deve presentare tracce di cloro. Si usa in percentuale variabile dal 50% all'80%.

Un altro elemento importante è la temperatura dell'acqua, dato che la giusta temperatura finale dell'impasto è fondamentale per la buona riuscita della panificazione.

Una formula, molto semplice da applicare, consente di calcolare la temperatura dell'unico elemento che è possibile variare con facilità: appunto l'acqua. Innanzitutto, misuriamo la temperatura dell'ambiente poi procuriamoci un termometro a sonda e misuriamo quella della farina. A questo punto, se diamo per fissa la temperatura ottimale dell'impasto finale (che deve essere di 25 °C), moltiplichiamo semplicemente 25 x 3 = 75, quindi sottraiamo a questo numero la temperatura dell'ambiente, quella della farina e quella del riscaldamento dell'impasto determinato dalle mani o dalla frusta (10 °C a macchina, 7 °C a mano). Otterremo in questo modo un numero che è quello della temperatura dell'acqua.

Facciamo un esempio:
• 25 °C (temperatura impasto) x 3 =   75 °C
• -20 (temperatura farina) =   55 °C
• -20 (temperatura ambiente) =   35 °C
• -7 (temperatura impasto a mano) =   28 °C

Quest'ultima è la temperatura corretta dell'acqua d'impasto.

pressi. L'efficacia di questi prodotti è identica, ma quello liofilizzato va fatto riprendere in acqua e zucchero prima dell'uso. Il lievito di birra non contiene proteine e, di conseguenza, glutine. Una volta entrato in contatto con l'impasto, innesca una fermentazione alcolica.

• **Lievito chimico.** Confezionato in bustine, si ottiene mescolando cremortartaro (sale dell'acido tartarico), bicarbonato di sodio, carbonato di ammonio, talvolta aromatizzati con vanillina. Si aggiunge all'impasto sia a secco sia diluito in acqua o latte. Ha la caratteristica di produrre anidride carbonica quando viene bagnato con un liquido, specialmente caldo. Una volta che la cottura lo avrà solidificato, il composto rimarrà gonfio per le bolle di gas generate dalla reazione chimica. L'uso di queste sostanze per la lievitazione produce un pane di qualità decisamente scadente sia dal punto di vista organolettico sia nutrizionale.

• **Lievito madre.** Detto anche pasta madre, lievito naturale o crescente, è un impasto fatto con acqua e farina lasciato fermentare naturalmente e poi mantenuto "vivo" attraverso continui rinfreschi. A differenza del lievito di birra, la pasta madre dà luogo a una fermentazione acido-lattica; il pane così lievitato ha un sapore caratteristico ed è più conservabile e più digeribile, perché il glutine dei cereali viene disgregato dai batteri lattici.

Sale marino integrale.

Il sale

Il sale svolge diverse funzioni in un impasto: dà sapore, si contrappone a una fermentazione incontrollata e ostacola la formazione di batteri che lo potrebbero danneggiare. Inoltre aumenta l'elasticità e dà colore al prodotto finito. Quello marino integrale apporta inoltre nuovi aromi. Va inserito nell'impasto solo dopo essere stato sciolto in acqua calda e senza esagerare (0,5-2% del peso della farina) di solito come ultimo ingrediente per non venire a contatto con il lievito, che ne sarebbe inibito.

I grassi
Olio, strutto e burro, aggiunti al pane, sono in grado di rendere l'impasto più malleabile, di migliorarne il gusto e di garantire una mollica soffice e profumata. Rallentano però la fermentazione e, di conseguenza, la lievitazione; se aggiunti in quantità eccessiva possono addirittura inattivarla.

Il malto
È il prodotto della germinazione di vari cereali. Questo processo determina nei semi lo sviluppo dell'enzima diastasico (o amilasi) che trasforma l'amido in maltosio, uno zucchero utile per togliere il sapore di lievito di birra (si usa infatti soprattutto negli impasti diretti). In panificazione è impiegato per innescare l'azione dei lieviti. Quello d'orzo è un liquido viscoso simile al miele, leggermente più scuro, che contiene il maltosio ed è un ottimo attivatore della fermentazione. Facilmente reperibile in erboristeria, può essere sostituito con zucchero di canna.

Il miele facilita il processo di fermentazione.

Il miele
Oltre a dare un ottimo sapore e a rendere la mollica del pane più morbida e la crosta più dorata è, come il malto, un ottimo aiutante della fermentazione, perché ricco di fermenti naturali, specialmente se si usa la pasta madre. Anche il miele può essere sostituito con zucchero di canna.

L'attrezzatura

Prima di procedere alla realizzazione del pane occorre assicurarsi di avere a disposizione tutti gli attrezzi necessari, perché quando avrete le mani in pasta potrà essere molto difficile procurarvi quelli che avrete malauguratamente dimenticato.

Un cestino per lievitazione; sotto, una bilancia digitale per dosare in maniera esatta gli ingredienti.

Strumenti necessari

Di seguito un elenco degli strumenti più importanti con relativa spiegazione d'uso.

- **Bilancia.** Per fare il pane la precisione della pesata è di fondamentale importanza. Si consigliano perciò bilance digitali dalla pesata minima di un grammo in modo da garantire la giusta quantità di tutti gli ingredienti.
- **Spianatoia.** Deve essere di legno: in questo modo, infatti, si riesce a non far raffreddare l'impasto. Il legno garantisce anche un buon attrito durante la lavorazione.

• **Dosatori.** Ideali per misurare l'acqua o altri liquidi che servono per fare gli impasti. Tuttavia, le tacche non sempre sono affidabili: nel caso dell'acqua consigliamo di non fidarsi, ma di pesarla, tenendo conto che un litro corrisponde a un chilo.
• **Ciotole.** Contenitori di varie dimensioni sono utili nella prima fase di impasto perché consentono di non disperdere gli ingredienti e di mantenere più in ordine il piano di lavoro.
• **Matterello.** Questo strumento serve per realizzare i pani a pasta dura e per stendere l'impasto per la pizza.
• **Strofinacci.** In tutte le ricette per fare il pane si suggerisce di coprire l'impasto con uno strofinaccio pulito. Si consigliano quelli di cotone liscio, mentre sono da evitare quelli di spugna che tendono ad attaccarsi alla pasta.
• **Raschietti da pasta.** Sono strumenti in acciaio, indispensabili per staccare la pasta dalla spianatoia e ripulire il piano di lavoro.
• **Lamette da barba.** Servono per creare delle incisioni sulla superficie del pane prima di passare in forno. Possono essere sostituite anche da un taglierino.
• **Termometri.** Per fare il pane è utile un termometro da ambiente: infatti, il controllo della temperatura ambiente è fondamentale per decidere quale dovrà essere la giusta temperatura dell'acqua per l'impasto (vedi box a p. 24). Di grande utilità anche un termometro da alimenti che serve per misurare la temperatura della farina e la temperatura interna del pane durante la cottura.

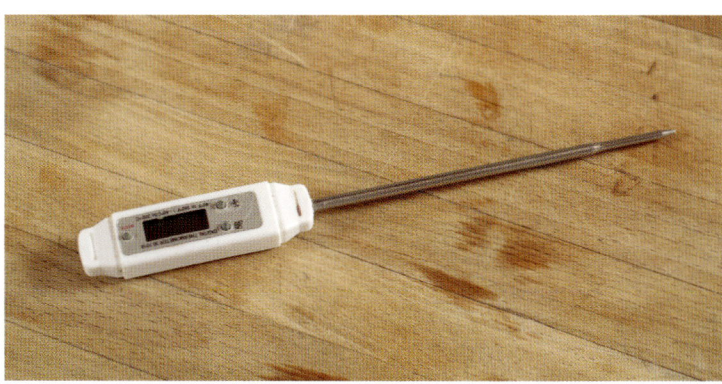

In alto, strofinacci da cucina; sopra, raschietto da pasta; sotto a sinistra, termometro da ambiente, sotto a destra termometro da alimenti.

DAL CEREALE AL PANE

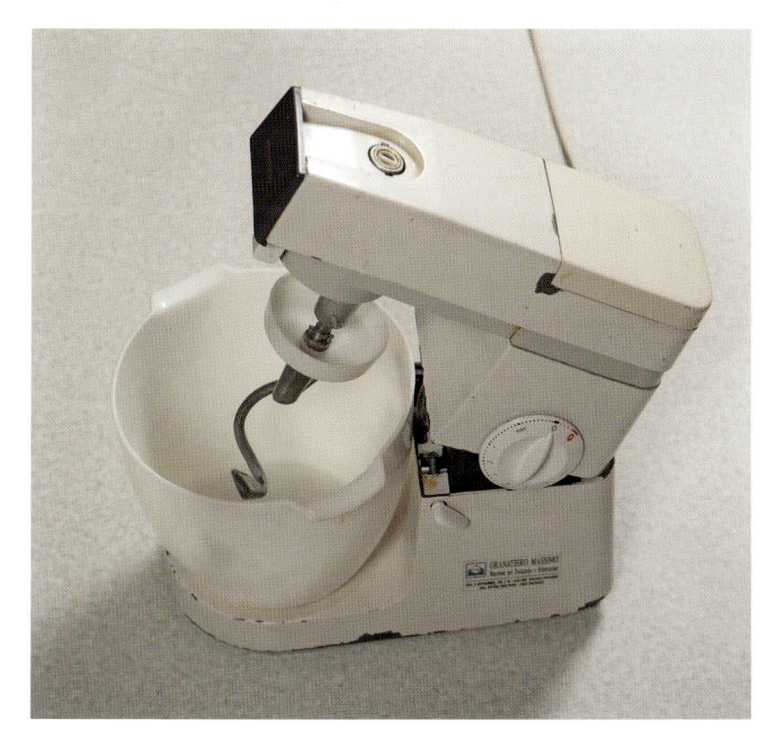

Pietra refrattaria su cui cuocere il pane nel forno.
A fianco, una impastatrice.

- **Pietra refrattaria.** È uno strumento che consente di simulare i forni tradizionali di pietra. Portata in temperatura prima di passare il pane in forno, permette di avere un bell'effetto in cottura.
- **Spruzzino.** Uno spruzzino per acqua, umidificando il forno o la superficie del pane, rallenta la formazione della crosta garantendo un maggiore sviluppo al pane durante la cottura.
- **Impastatrice domestica.** L'impasto a mano consente di stabilire una maggiore confidenza con la pasta, ma per gli impasti duri e per quelli da lavorare molto (per esempio quello per fare i grissini) un'impastatrice garantisce una migliore lavorazione della pasta pur non essendo dotati dell'abilità e della forza dei panettieri.
- **Cestini per lievitazione.** Si tratta di cestini che consentono una migliore lievitazione perché in essi circola meglio l'aria e quindi il lievito riesce a svolgere la sua funzione in modo ottimale. Si rivelano particolarmente utili per fare lievitare gli impasti morbidi.

Spruzzino per umidificare con acqua il forno o la superficie del pane.

L'attrezzatura

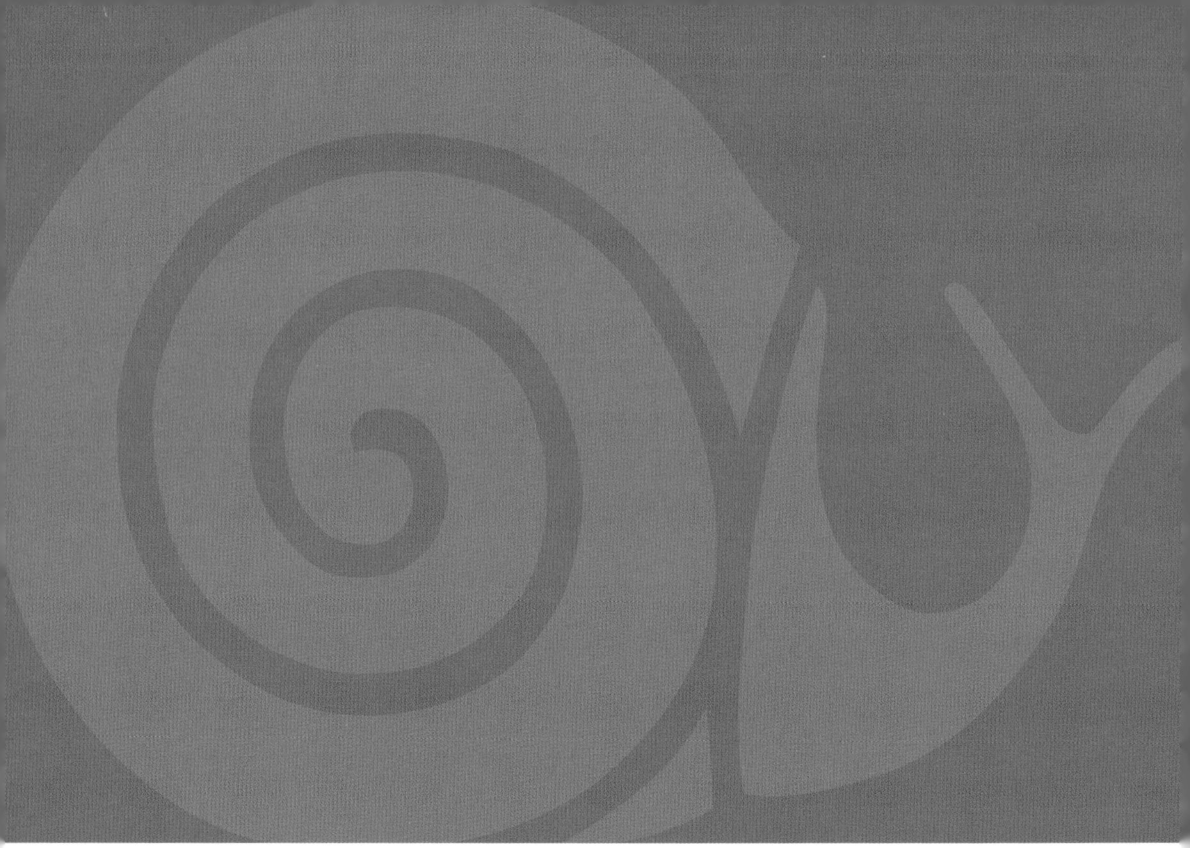

Il pane

Preparare il pane

Siete finalmente arrivati al momento fatidico del fare il pane. Innanzi tutto dovete avere la chiara consapevolezza che, a differenza delle altre tecniche culinarie, quella del pane impone la lavorazione di una materia viva.

Durante tutto il processo, dalla lievitazione iniziale fino all'introduzione nel forno, i fermenti presenti nell'impasto sono esseri viventi che si nutrono, si moltiplicano, producono anidride carbonica, ma che possono anche morire.

Per questo le vostre mani devono essere sapienti, i gesti calcolati, le temperature rispettate. Soprattutto dovete adottare un comportamento slow. I tempi di vita dei microrganismi dell'impasto sono lenti, hanno bisogno di riposo e di sapienti attese. Anche la formazione del reticolo glutinico, armatura interna all'amalgama, che dà struttura agli elementi dell'impasto e consente alle bollicine di anidride carbonica di farlo gonfiare, avviene con estrema lentezza. Osservare un panettiere al lavoro mentre manipola l'impasto dà un'idea precisa di come avvenga il fenomeno: la pasta, prima flaccida e attaccaticcia, prende miracolosamente consistenza. Le mani, all'inizio impiastricciate, nel lento e deciso massaggio si liberano di ogni frammento.

Seguendo queste raccomandazioni fare il pane non sarà difficile. Molto numerosi sono i metodi per ottenere una buona lievitazione e un impasto ben riuscito e, quindi, dovrete avere ben chiare, ancora prima di iniziare, le varie opportunità e tutti i passaggi del percorso che sceglierete di adottare.

Il pane, protagonista della nostra tavola e della nostra vita, richiede, nella fase di preparazione, attenzione e sapienza.

LA PANIFICAZIONE

I DIVERSI MODI DI OTTENERE LA LIEVITAZIONE

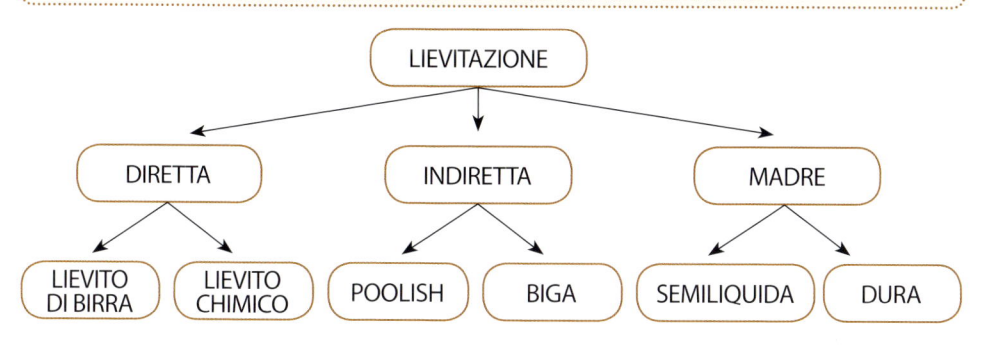

- **LIEVITAZIONE**
  - **DIRETTA**
    - LIEVITO DI BIRRA
    - LIEVITO CHIMICO
  - **INDIRETTA**
    - POOLISH
    - BIGA
  - **MADRE**
    - SEMILIQUIDA
    - DURA

I PRINCIPALI METODI PER FARE IL PANE

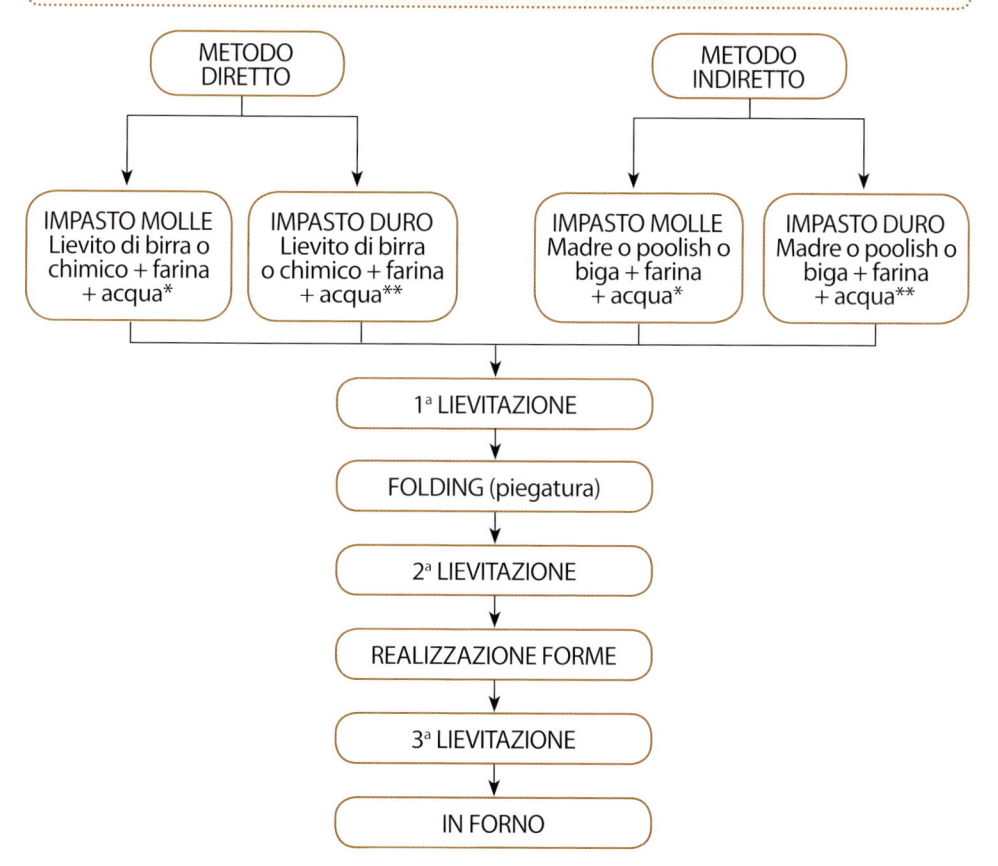

- **METODO DIRETTO**
  - IMPASTO MOLLE — Lievito di birra o chimico + farina + acqua*
  - IMPASTO DURO — Lievito di birra o chimico + farina + acqua**
- **METODO INDIRETTO**
  - IMPASTO MOLLE — Madre o poolish o biga + farina + acqua*
  - IMPASTO DURO — Madre o poolish o biga + farina + acqua**

↓

1ª LIEVITAZIONE → FOLDING (piegatura) → 2ª LIEVITAZIONE → REALIZZAZIONE FORME → 3ª LIEVITAZIONE → IN FORNO

* Per gli impasti molli l'acqua totale deve essere superiore al 60% della farina.

** Per gli impasti duri l'acqua totale deve essere inferiore al 50% della farina.

Preparare il pane

La lievitazione

Dal punto di vista della lievitazione gli impasti possono essere suddivisi in tre tipologie: gli impasti diretti, gli impasti indiretti entrambi realizzati con il lievito di birra, e gli impasti con lievito madre detto anche pasta madre o lievito naturale.

L'uso del lievito di birra: impasti diretti e indiretti

Nell'**impasto diretto**, gli ingredienti sono miscelati in un'unica fase del processo, e con un'unica lievitazione, breve, a cui talvolta si aggiunge una seconda lievitazione ancor più breve, dopo avere modellato il pane. Un'accortezza: evitate di mettere a contatto lievito e sale per non danneggiare le cellule del lievito. Ciò che porta a scegliere l'impasto diretto è la praticità e la velocità di preparazione. Aumentando o diminuendo la percentuale tra lievito di birra e peso della farina si modificano i tempi di lievitazione. Un altro parametro che permette di variare i tempi di

> Durante la lievitazione coprire l'impasto con un panno umido impedisce la formazione di una crosta che potrebbe poi ostacolare l'ulteriore sviluppo in forno.

lievitazione è la temperatura ambientale: utilizzando il frigorifero posso rallentare di alcune ore la lievitazione.

Nell'**impasto indiretto**, l'impasto vero e proprio è preceduto da un pre-impasto (detto anche biga, poolish o lievitino), in cui farina, acqua e lievito di birra sono lavorati e lasciati fermentare dalle 6 alle 24 ore prima di essere uniti all'impasto finale. È quindi il primo impasto che funge da lievito e permette al pane di gonfiarsi. L'impasto indiretto migliora le caratteristiche organolettiche del pane che sarà più digeribile e si conserverà meglio. Esistono molte varianti della tecnica, in cui cambiano i tempi, le quantità e il numero di lievitazioni intermedie. I metodi più utilizzati per produrre impasti indiretti sono la **poolish** e la **biga**.

La poolish

Miscela lievitante di consistenza semiliquida, a base di acqua, lievito di birra e farina. Va utilizzata quando, dopo lungo riposo, ha raddoppiato il suo volume. La quantità di lievito di birra dipende da quanto si vuole fare durare la lievitazione: più è lunga, minore è la quantità di lievito necessaria. Per ultimare l'impasto del pane si deve aggiungere altra farina, quindi la quantità di lievito di birra utilizzato è molto inferiore a quella dell'impasto diretto. Se ne ottengono pani più profumati, gustosi e che durano più a lungo di quelli ottenuti unicamente con lievito di birra. La tecnica nacque nei primi anni del Novecento in Francia grazie ad alcuni fornai viennesi.

La biga

Miscela lievitante simile alla prima, in cui la quantità di acqua è tra il 40% e il 50% del peso della farina, mentre la quantità di lievito di birra segue la stessa regola. Il risultato è un impasto piuttosto solido, che richiede una certa forza manuale per renderlo uniforme: è proprio questo che lo rende speciale, favorendo l'aggregazione delle molecole delle proteine e l'assorbimento di aria. Sono però necessarie lievitazioni superiori alle 8 ore, in modo che la fermentazione lattica si sviluppi del tutto.

> **Trucchi e consigli**
>
> Tra i vantaggi della biga c'è che l'impasto richiede poca acqua, per cui è possibile avere una biga preparata con tutta la farina necessaria, cui va solo poi aggiunto il sale, gli altri ingredienti e un po' di acqua per impastare e rigenerare il tutto. Il lievito di birra sarà sempre in percentuali bassissime, rappresentando soltanto l'avvio della fermentazione che poi si svilupperà.

• Poolish

Ingredienti

- 2 etti e mezzo di farina di grano tenero tipo 0 (W 240/260)
- 3 g di lievito di birra
- 250 ml di acqua tiepida (30 °C)

1. Sciogliete il lievito di birra nell'acqua tiepida.

2. Preparate una pari quantità di acqua e di farina.

3. Versate in una ciotola il resto della farina e aggiungete piano piano l'acqua in cui avete sciolto il lievito di birra e stemperato la farina.

4. Lavorate bene il tutto.

5. Coprite con la pellicola e lasciate riposare per 12-15 ore a temperatura ambiente (tra i 18 e i 25 °C).

Biga

Ingredienti

- 4 etti di di farina di grano tenero tipo 0 (W 360)
- 3 g di lievito di birra
- 200 ml di acqua fresca (20 °C)

1. Iniziate sciogliendo il lievito di birra nell'acqua a circa 20 °C.

2. Disponete la farina a fontana e iniziate a impastare aggiungendo man mano l'acqua in cui è stato sciolto il lievito di birra.

3. Impastate grossolanamente il tutto fino a ottenere un composto omogeneo, ma non troppo lavorato.

4. Mettete a lievitare l'impasto in una capiente ciotola unta di olio e coprite con la pellicola; lasciate quindi lievitare per 18-24 ore a una temperatura di 18-20 °C; in questo caso una temperatura più alta non giova all'impasto in quanto velocizza il tempo di maturazione.

La lievitazione

Il lievito madre: preparazione e rinfreschi

Lieviti e batteri lattici sono presenti naturalmente nell'atmosfera. Il segreto per ottenere una madre sta nel catturarli in un impasto di acqua e farina. L'ideale sarebbe ricorrere a una farina biologica macinata a pietra e utilizzare acqua non clorata (nel dubbio acqua minerale). La realizzazione del lievito madre può essere eseguita in due modi diversi così da ottenere un prodotto **solido** o **semiliquido**.

> ### Mille modi per fare il lievito madre
>
> La preparazione del lievito madre, vista la sua antichità, prevede dall'Alto Adige alla Sicilia innumerevoli e diversificate ricette, che utilizzano sfarinati differenti come la segale o il grano duro, producendo a volte impasti molto molli, a volte duri, che vengono avvolti in pezze di tela, legati con lo spago e appesi al soffitto per il tempo necessario alla fermentazione.
>
> Sempre secondo le regioni e le ricette, si possono usare espedienti per agevolare la fermentazione degli impasti: un cucchiaino di miele o di zucchero, un cucchiaio di yogurt, alcuni cucchiaini di succhi di diversi frutti (di solito acidi e zuccherini come uva, prugne o susine, albicocche e mele) o, addirittura, l'acqua di ammollo dell'uva passa o alcune gocce di limone.

Lievito madre.

• Come realizzare il lievito madre solido

Ingredienti
- un etto di farina di grano tenero tipo 0 biologica (W 300/360)
- 50 ml di acqua tiepida (circa 30 °C)
- 1/2 cucchiaino di miele biologico

1. Impastate gli ingredienti fino a ottenere una palla morbida e liscia (il miele aiuta ad avviare il processo di fermentazione).

2. Incidete a croce la palla di pasta, riponetela in una ciotola coperta da un panno umido e fate riposare a temperatura ambiente (18-25 °C) per 48 ore. Trascorso il tempo, l'impasto si sarà leggermente gonfiato e saranno comparsi i primi alveoli.

• Come realizzare il lievito madre semiliquido

Ingredienti
- un etto di farina di grano tenero tipo 0 biologica (W 200/240)
- 75 ml di acqua tiepida (circa 30 °C)
- 25 g di yogurt intero

1. Impastate bene tutti gli ingredienti fino a ottenere un composto semiliquido senza grumi e poi coprite con un panno.

2. Dopo circa 48 ore, il composto inizierà a fermentare, producendo in superficie numerose bolle.

Successivi trattamenti (rinfreschi) del lievito madre solido e semiliquido

Dopo 48 ore la madre ha iniziato la fermentazione, ma è ancora debole e deve essere rinvigorita con almeno una quindicina di aggiunte di acqua e farina (detti rinfreschi, rinnovi o riporti) prima di utilizzarla per fare il pane. Man mano che farete i vari rinfreschi userete non tutta la madre prodotta, ma solo un etto per volta in modo da produrre una quantità finale di madre non troppo elevata. Quel che vi avanza della madre potrete usarla unendola a impasti diretti. Infine, prima di fare il pane, dovrete fare un ultimo rinfresco.

I 15 rinfreschi

Ingredienti
- un etto di lievito madre
- un etto di farina di grano tenero tipo 0 biologica (W 300/360 per madre dura, W 200/240 per madre semiliquida)
- 50 ml di acqua tiepida per madre solida
- 100 ml di acqua tiepida per madre semiliquida

Stemperate l'impasto in acqua tiepida e poi unite la farina. Impastate di nuovo fino a ottenere un composto ben modellato, coprite e fate riposare per altre 24 ore a temperatura ambiente. Eseguite poi altri 14 rinfreschi con gli stessi ingredienti indicati.

Una madre perfetta, come mantenerla e conservarla

Dopo queste operazioni la madre inizia ad avere un certo potere lievitante, ma solo un uso costante (panificazione ogni 3 giorni) ne migliora le proprietà. Una madre matura raddoppia di volume in 3-4 ore dopo un rinfresco, ha profumo simile allo yogurt, buona elasticità e non eccessiva appiccicosità. La madre si conserva in frigorifero: prima di rinfrescare è bene lasciarla un'ora a temperatura ambiente. Se non la usate a lungo, conservatela in freezer, ma quando la scongelate dovete fare alcuni rinfreschi in modo che riprenda la sua forza.

• Rinfresco finale prima di fare il pane

1. Per fare l'impasto molle, mettete tutti gli ingredienti indicati in una ciotola e mescolate; per quello duro invece mettete la farina a fontana nella ciotola, aggiungete la madre e l'acqua.

2. Mescolate bene con la frusta. Se l'impasto è duro impastate sulla spianatoia. Entrambi gli impasti devono fermentare per 4 ore a circa 25-26 °C: se la temperatura è più bassa fate fermentare 6 ore. In ogni caso si deve raggiungere il doppio del volume iniziale.

3. Togliete una parte della madre (un etto) e mettetela in un vasetto di vetro con coperchio. Conservatela in frigorifero per 3-4 giorni. Vi servirà per la prossima panificazione. Con il resto della madre procedete nella preparazione del pane.

I rinfreschi lunghi

Quello che abbiamo appena descritto è un rinfresco 1/1 (madre pari peso della farina), tuttavia è possibile effettuare rinfreschi più "lunghi" aumentando la quantità di farina in rapporto alla pasta madre.
Si parla di rapporto 1/3 quando la farina è tre volte la madre: questo impasto maturerà in circa 8 ore.
Si parla di rapporto 1/5 quando la farina è cinque volte la madre: questo impasto maturerà in circa 12 ore.
Prestate molta attenzione alla temperatura di maturazione che deve essere il più possibile vicina a 26 °C. Temperature più basse rallentano di molto la fermentazione, quindi, per regolarvi, aspettate che il volume iniziale sia raddoppiato.

La lievitazione

L'impasto

Gli ingredienti vanno lavorati con cura sulla spianatoia, per ottenere un buon impasto liscio e omogeneo.

A questo punto avendo a disposizione il lievito prescelto, siamo in grado di procedere agli impasti per realizzare il pane.
Nel nostro Paese esistono due grandi tipologie di impasto:
- **impasto molle** che può essere realizzato con il metodo diretto, indiretto (biga e poolish) o con il lievito madre;
- **impasto duro** che può essere anch'esso diretto, indiretto (biga o poolish) o con il lievito madre.

Gli impasti molli

Gli impasti molto molli, che prevedono l'utilizzo di liquidi in quantità superiore al 60% rispetto al peso della farina, si lavorano utilizzando una grossa ciotola o l'impastatrice. Sono di tre tipi:
- **impasto molle con metodo diretto**;
- **impasto molle con metodo indiretto** (biga o poolish);
- **impasto molle con lievito madre**.

Impasto molle con metodo diretto

Ingredienti
- mezzo chilo di farina di grano tenero tipo 0 (W 200/240)
- 10 g di lievito di birra fresco
- 10 g di zucchero (facoltativo)
- 10 g di sale
- 340 ml di acqua

1. In una parte dell'acqua sciogliete il lievito, assieme allo zucchero, se è previsto dalla ricetta.

2. In una ciotola mettete la farina, aggiungete il lievito sciolto e la rimanente acqua mescolando rapidamente; quando tutta l'acqua sarà stata assorbita, unite il sale sciolto in acqua e amalgamate bene il tutto.

3. Trasferite l'impasto sulla spianatoia infarinata e lavoratelo per un quarto d'ora circa, fino a quando la massa di pasta sarà diventata elastica e non si appiccicherà più. Volendo aggiungere olio, burro o altro, create un buco al centro dell'impasto e unite l'ingrediente amalgamandolo lentamente finché non sarà assorbito.

4. Formate la palla e mettetela a lievitare nella ciotola (o in un cestino di lievitazione) coperta con un telo per un'ora a temperatura ambiente (tra i 18 e i 25 °C). Quindi fate il folding e lasciate lievitare per un'altra ora prima di fare le forme definitive.

L'impasto

Impasto molle con metodo indiretto

Ingredienti
- 3 etti di biga (o di poolish)
- 3 etti di farina di grano tenero tipo 0 (W 200/240)
- 250 ml di acqua (con la poolish 200 ml)
- 13 g di sale

1. Trascorse 24 ore la biga dovrebbe essere raddoppiata di volume.

2. Fate la fontana con la farina, unite l'acqua e il sale sciolto in poca acqua. Amalgamatevi la biga, impastate per 20 minuti, formate una palla e fatela riposare coperta per un'ora. Fate il folding, lasciate lievitare un'ora e realizzate le forme scelte.

Impasto molle con lievito madre

Ingredienti
- mezzo chilo di farina di grano tenero tipo 0 (W 200/240)
- un etto e mezzo di lievito madre semiliquido maturo
- 350 ml di acqua
- 10 g di sale
- 10 g di malto (o zucchero di canna)

1. Mettete nella ciotola la farina, il lievito madre, l'acqua e mescolate, unendo per ultimo il sale.

3. Lavorate sulla spianatoia fino ad avere un impasto liscio e omogeneo. Praticate un taglio a croce e lasciate riposare per un'ora coperto da un panno umido; quindi fate il folding.

Il folding o tecnica delle pieghe

Consiste nello sgonfiare e nel piegare l'impasto dopo circa un'ora di lievitazione. Questa tecnica serve a dare maggiore vigore all'impasto. Un'unica avvertenza: si può realizzare soltanto con gli impasti molli sia diretti che indiretti.

Fare il folding

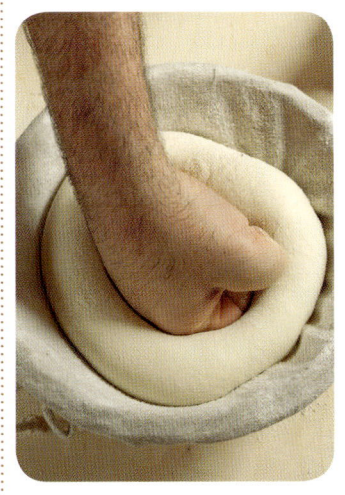

1. Premete al centro della palla lievitata con un pugno in modo da farla sgonfiare.

2. Stendete la pasta in una forma rettangolare, piegatela in tre e stendetela di nuovo; coprite con un canovaccio e fate riposare 30 minuti.

3. Ripetete l'operazione del folding e, quindi, formate di nuovo una palla che lascerete riposare 30 minuti coperta con un canovaccio.

Impastare a mano, con l'impastatrice e con il robot da cucina

L'impasto è una fase decisiva nella realizzazione del pane. L'energia di mani e braccia aiuta la formazione del reticolo, formato dalle proteine della farina, che cattura le particelle di acqua presenti nell'impasto. Durante la manipolazione, l'impasto acquista struttura diventando meno appiccicoso. L'alternanza tra impasto e riposo consente ai microrganismi della lievitazione di alimentarsi con gli amidi della farina, di proliferare e produrre l'anidride carbonica che fa gonfiare l'impasto. I puristi preferiscono la manipolazione con le mani, dove il calore corporeo si trasmette all'impasto. Ma si può usare anche l'impastatrice planetaria con la frusta a gancio. Introducete nella ciotola gli ingredienti (farina, lievito disciolto in acqua, o biga, poolish o madre), fate girare prima lentamente, poi più velocemente finché l'impasto non si stacca dalle pareti e si attorciglia intorno al gancio. Fate riposare la pasta per la lievitazione. Oppure un robot da cucina, con palette di plastica. Mettete la farina nella ciotola e avviate versando metà dell'acqua, il lievito disciolto, o la madre, e la restante acqua. Si formerà una palla che lascerete riposare nel robot per 5 minuti. Accendete di nuovo per 30 secondi, finite di impastare a mano sulla spianatoia e mettete l'impasto a lievitare.

L'impasto

Gli impasti duri

I pani a pasta dura sono quei pani nel cui impasto si utilizza una quantità di acqua attorno al 50% del peso della farina. Una volta cotti, avranno una mollica di consistenza più compatta e con alveolatura molto fine. Si possono realizzare con un impasto sia diretto sia indiretto pani grandi e piccoli, come la treccia, la spole, la tera, la mantovana, le coppiette, le rondinelle, i montasù.

Per gli impasti con il lievito madre, si procede in modo analogo a quelli con metodo indiretto con la biga, utilizzando mezzo chilo di farina di grano tenero tipo 0 (W 200/240), un etto e mezzo di lievito madre naturale maturo, 200 ml di acqua, 30 grammi di strutto e 12 grammi di sale.

Una curiosità: questi pani sono tipici del Nord Italia perché un tempo gli impasti resistevano bene, senza cadere di lievitazione, al "colpo di freddo", che li investiva nel tragitto sulle assi dal laboratorio caldo al forno sistemato all'aperto.

Purtroppo, però, i pani a pasta dura sono oggi sempre più rari. I motivi sono diversi: hanno una durata inferiore agli altri (la durata, infatti, è proporzionale al tempo di lievitazione) e sono molto meno versatili. Infatti, sia per la loro forma sia per la compattezza della mollica, questi pani non si prestano a essere imbottiti e sono poco adatti a "fare scarpetta" in quanto non assorbono il sugo.

Un famoso pane a impasto duro: la coppia ferrarese

La *ciopa* o *ciupeta* ferrarese deve la sua esistenza all'attenzione dei duchi di Ferrara per la legislazione sulla panificazione.

La leggenda racconta che la prima *ciupeta* comparve sulla tavola del duca di Ferrara nel Carnevale del 1536. Esiste una terminologia precisa per definirne le parti costituenti. La mezza *ciopa* si chiama *panett*, ognuno dei quattro cornetti si chiama *grustin* e la parte centrale con la mollica *mulinot*. La bontà di questo pane è davvero superba e travalica i confini ferraresi, invadendo anche le province vicine, le quali, pur avendo inventato analoghe forme tradizionali, assegnano alla ferrarese la palma della migliore. Si tratta di un pane adatto a qualsiasi consumo, ineguagliabile per accompagnare gli ottimi salumi della Bassa padana.

Impasto duro con metodo diretto

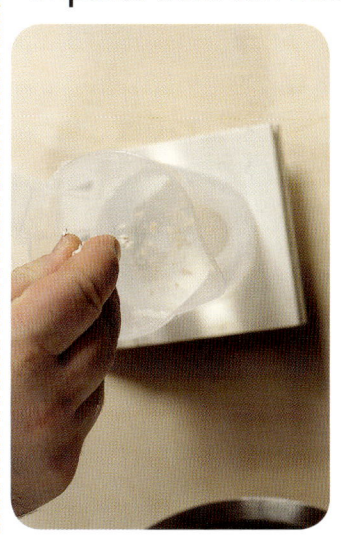

Ingredienti

- mezzo chilo di farina di grano tenero tipo 0 (W 200/240)
- 25 g di strutto
- 25 g di lievito madre
- 1 cucchiaino di sale
- 230 ml di acqua fredda

1. Spezzettate il lievito e stemperatelo nell'acqua fredda.

2. Mettete la farina in una ciotola, aggiungete il lievito stemperato, lo strutto e la rimanente acqua mescolando rapidamente; quando tutta l'acqua sarà stata assorbita unite il sale sciolto in acqua e amalgamate bene il tutto.

3. Trasferite l'impasto sulla spianatoia infarinata e impastate bene per un quarto d'ora, sino a ottenere un composto sodo e omogeneo. Lasciate riposare per 5 minuti.

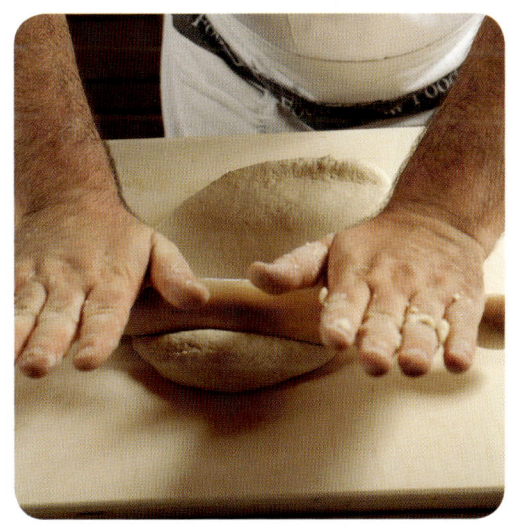

4. Stendete la pasta a 3 centimetri di spessore con il matterello, ripiegatela in due e tiratela di nuovo, ripetendo l'operazione per almeno dieci volte, sino a ottenere un impasto liscio e lucido. Lasciate riposare 5 minuti e poi procedete a realizzare le forme.

L'impasto

Impasto duro con metodo indiretto

Ingredienti

- 7 etti e mezzo di biga (o di poolish)
- mezzo chilo di farina di grano tenero tipo 0 (W 200/240)
- 220 ml di acqua (con la poolish 110 ml)
- 50 g di strutto
- 20 g di sale

1. Unite alla farina acqua, biga, strutto e sale. Lavorate bene sino a ottenere un impasto liscio e omogeneo che lascerete riposare in ambiente tiepido, coperto da un panno umido, per circa un'ora.

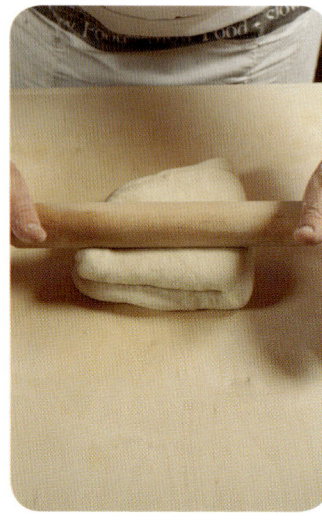

2. Stendete la pasta a 3 centimetri di spessore con il matterello, ripiegatela in due e tiratela di nuovo, ripetendo l'operazione per almeno dieci volte, sino a ottenere un impasto liscio e lucido. Lasciate riposare 5 minuti e poi realizzate le forme.

Come si capisce che il pane è pronto da infornare

Controllate i tempi di lievitazione della ricetta e ricordate che la forma è pronta per essere infornata quando raggiunge al massimo il doppio del volume iniziale. Tenetela coperta con un canovaccio perché non si formi una crosta che può bloccare l'ulteriore sviluppo in forno. Una semplice prova per capire il giusto punto di lievitazione consiste nel premere con un dito: se la fossetta sparisce velocemente, l'impasto deve ancora lievitare; se torna indietro lentamente è ora di infornare; se invece rimane, la lievitazione è andata troppo oltre e il pane va rimpastato aggiungendo ancora farina in eguale peso all'impasto troppo lievitato e procedendo come per l'impasto diretto, tenendo conto che gli altri ingredienti vanno calcolati solo sulla quantità di farina aggiunta. Si deve sempre cuocere a lievitazione non completa, perché l'ultimo stadio della crescita deve avvenire in forno.

Le forme

• Coppia ferrarese

1. Dopo aver fatto un impasto duro di grano tenero, formate delle palline della dimensione di un'arancia e poi formate dei filoncini.

2. Appiattite i filoncini utilizzando il matterello.

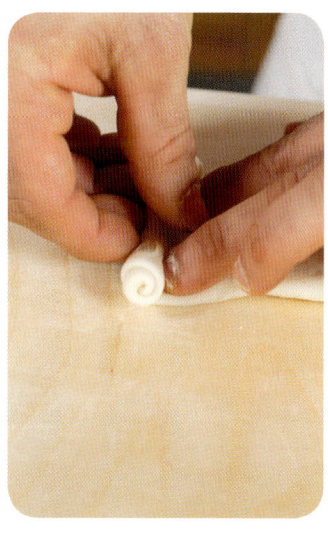

3. Arrotolate con una mano la striscia di pasta appiattita, mentre con l'indice e il medio dell'altra spingete la pasta sotto le dita che arrotolano.

4. Ecco qual è la forma che dovete ottenere.

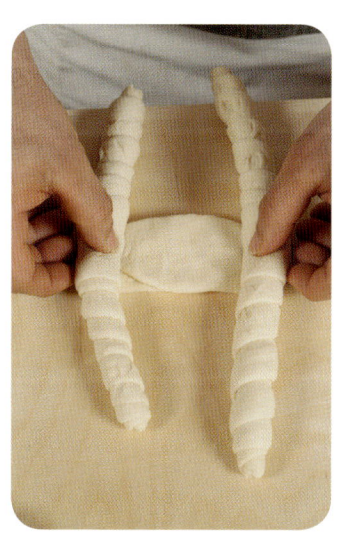

5. Sovrapponete i due lembi rimasti liberi e schiacciate le due forme in modo da unirle.

6. Potete realizzare una rottura nella cresta centrale. Fate lievitare, coperti con un telo, per un'ora. Infornate a 220 °C e fate cuocere per 15 minuti.

Le forme

• Montasù

1. Dopo aver fatto un impasto duro di grano tenero, realizzate delle palle di pasta della dimensione di una mela da cui otterrete dei filoncini.

2. Appiattite i filoncini con il matterello.

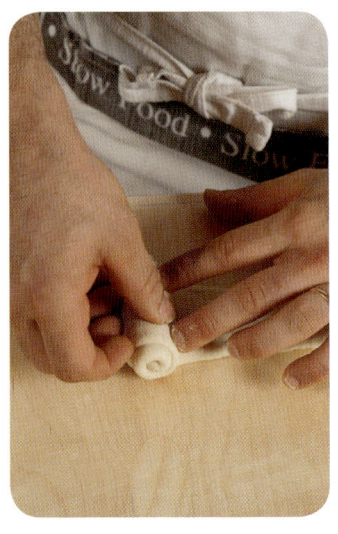

3. Arrotolate i filoncini ottenendo dei piccoli rotoli. Fermatevi a metà filoncino.

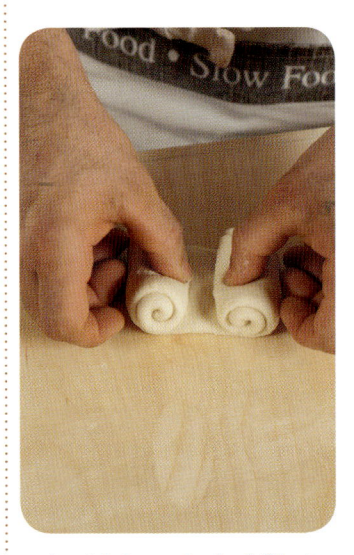

4. Arrotolate, partendo dall'estremità opposta, in modo da ottenere un secondo rotolo contrapposto al primo.

5. Mettete l'uno sull'altro i rotoli che avete ottenuto.

6. Fate in modo da realizzare questa forma. Fate lievitare, coperti con un telo, per un'ora. Infornate a 220 °C e cuocete per 15-17 minuti.

Le forme

• Baule

1. Dopo aver fatto un impasto duro di grano tenero, realizzate un filone con circa 500 grammi di pasta.

2. Appiattite quindi il filone con il matterello.

3. Arrotolate quindi il filone su se stesso.

4. Fate in modo da realizzare questa forma.

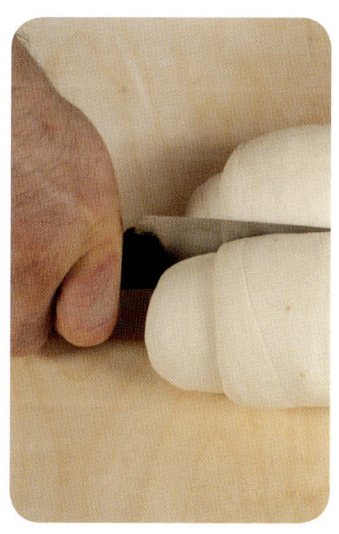

5. Con il dorso del coltello realizzate una profonda fenditura.

6. Fate lievitare, coperto con un canovaccio, per un'ora. Infornate a 220 °C. Mettetelo nel forno senza aprire la fenditura: durante la cottura si aprirà completamente. Fate cuocere per 25-30 minuti.

Le forme

• Biova

Si ottiene tagliando a metà il baule lungo la fenditura realizzata con il dorso del coltello. Si cuoce per 15-20 minuti.

• Mafalda

1. Dopo aver fatto un impasto duro di grano duro, realizzate con la pasta un filoncino e disponetelo sulla spianatoia a forma di serpente.

2. Riportate la coda del "serpente" sopra le anse.

3. Cospargete di semi di sesamo la forma schiacciandola in una ciotola con i semi e poca acqua. Fate lievitare coperto con un telo per un'ora. Infornate a 220 °C per 15-17 minuti.

Le forme

• Filone

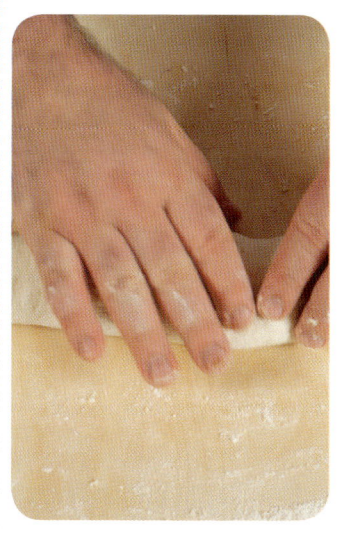

1. Dopo aver fatto un impasto molle di grano duro o tenero, formate un filone utilizzando 500 grammi di pasta.

2. Con la mano di taglio realizzate al centro una fenditura.

3. Fate lievitare, coperto da un telo, per un'ora con il metodo diretto, per 2 ore con l'indiretto o la madre. Praticate un taglio con la lametta per tutta la lunghezza e infornate a 200 °C per 25-30 minuti.

• Ciambella

1. Dopo aver fatto un impasto molle di grano duro o tenero, in una pagnotta di circa 500 grammi realizzate con le dita un foro centrale.

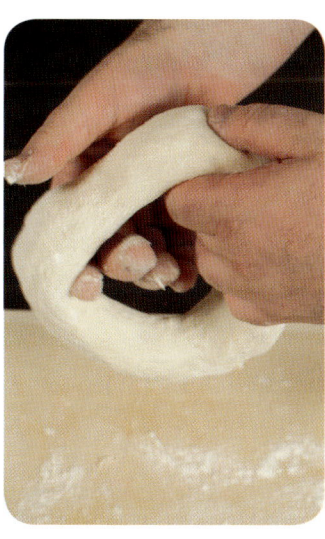

2. Con entrambe le mani ruotate e allargate il foro fino a ottenere una ciambella.

3. Ecco la ciambella finita. Fate lievitare, coperto da un telo per un'ora, se usate il metodo diretto, per 2 se usate l'indiretto o la madre. Infornate a 200 °C per 25-30 minuti.

Le forme

• Pagnotta

1. Dopo aver fatto un impasto molle di grano duro o tenero, con 500 grammi di impasto realizzate una palla. Quindi ripiegate i lembi al centro più volte.

2. Riponete in un cestino di lievitazione e fate lievitare per un'ora se usate il metodo diretto, per 2 se usate l'indiretto o la madre. Infornate a 200 °C per 25-30 minuti.

• Pane di Altamura

1. Dopo aver fatto un impasto molle di grano duro, realizzate una grande pagnotta con 1,2 chili di impasto.

2. Schiacciate delicatamente con le dita per ottenere un disco tondo e spesso.

3. Ripiegate il disco su se stesso e fate lievitare per un'ora se usate il metodo diretto, per 2 con l'indiretto o la madre. Infornate a 200 °C e cuocete per 25-30 minuti.

Pani speciali

Ogni pane è di per sé speciale, ma quelli descritti qui di seguito richiedono particolari ingredienti e tecniche di impasto o lievitazioni peculiari.

Metodi diversi di panificazione e ingredienti particolari consentono di preparare pani speciali.

Michetta
Milanese, regina dei panini imbottiti, la michetta fa parte dei pani soffiati, dalla crosta sottile e alveolatura interna molto sviluppata. Si ottiene con un particolare stampo o con l'attrezzo usato per tagliare a spicchi le mele. Richiede l'aggiunta di una piccola dose di farina alla biga.

Pane di segale integrale
Riuscire a produrre il pane di segale presenta difficoltà non indifferenti a causa della carenza di glutine. In genere, anche nelle preparazioni tradizionali (che sono per lo più lombarde,

altoatesine e piemontesi), si aggiungeva la farina di grano tenero. Per prepararlo davvero bene è necessario inacidire molto la madre, procedendo con due rinfreschi prima di impastarlo.

Treccia challah (pane del sabato ebraico)

La treccia challah è un pane bianco che accompagna il sabato e le feste tradizionali ebraiche. Originariamente si usava prelevare la "decima", che veniva offerta al sacerdote; oggi un pezzetto dell'impasto viene messo da parte, bruciato in forno e non consumato.

Grissini

Piemontesi di nascita, i grissini sono fini e friabili. Oggi, oltre ai classici, in commercio se ne trovano molte versioni, ma nessuna può sostenere il confronto con quelli "stirati". Per realizzare il particolare impasto per grissini si consiglia vivamente di utilizzare un'impastatrice.

Pani di forme e caratteristiche diverse.

Michetta

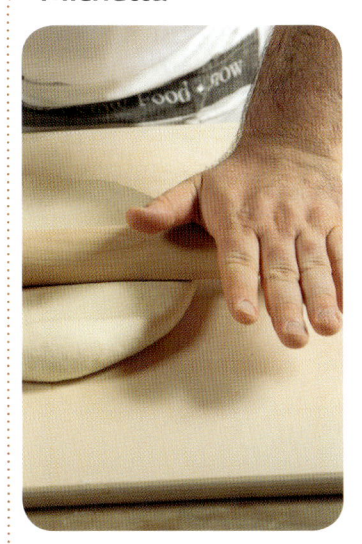

🕐 *35 minuti*
+ la lievitazione

Ingredienti

- 7 etti e mezzo di biga
- mezz'etto di farina di grano tenero tipo 0 (W 200/240)
- 75 ml di acqua
- 10 g di sale

1. Mettete tutto l'impasto sul tavolo e stendetelo con il matterello, quindi riformate una palla che coprirete con la pellicola facendola riposare 20 minuti.

2. Formate delle palline da circa 50 grammi che lascerete riposare per 10 minuti coperte con pellicola.

3. Con un attrezzo tagliamele formate la michetta.

4. Disponete le michette capovolte su un canovaccio e lasciatele riposare per un'ora coperte da pellicola. Poi mettete in forno su pietra refrattaria ben calda a 250 °C per 12-15 minuti. Prima di infornare, umidificate con uno spruzzino.

Pane di segale integrale

1 ora
15-20 minuti
+ la lievitazione

Ingredienti

Primo impasto
- mezz'etto di farina integrale di segale
- 10 g di lievito madre semiliquido
- 50 ml di acqua

Rinfresco
- 110 g di madre del primo rinfresco
- 110 g di farina integrale di segale
- 110 ml di acqua tiepida

Impasto finale
- 7 etti e mezzo di farina integrale di segale
- 3 etti di lievito madre
- 600 ml di acqua
- 15 g di sale

1. Per il primo rinfresco, mescolate il lievito madre con l'acqua e la farina di segale; lasciate riposare per 15-18 ore a temperatura ambiente.

2. Per il secondo rinfresco, mescolate l'impasto del primo con l'acqua e la farina di segale e lasciate riposare per 3 ore.

3. Per l'impasto finale, mescolate l'impasto del secondo rinfresco con l'acqua, la farina di segale e il sale. Lasciate riposare per 3 ore.

4. Ricavate tre pagnottelle, formatele come mostrato nella foto e lasciatele riposare per 2 ore in ambiente tiepido coperte da un panno umido. Ridate loro la forma precedente e mettete in forno preriscaldato a 220 °C per 45-50 minuti.

Treccia challah

45-50 minuti + la lievitazione

Ingredienti

- un chilo e 200 g di farina di grano tenero tipo 0 (W 200/240)
- 3 etti e mezzo di pasta di riporto o madre o biga
- 5 uova
- 24 g di lievito di birra fresco
- 350 ml di acqua
- mezz'etto di burro
- un etto di miele
- 20 g di sale

1. Sciogliete il lievito nell'acqua e versatelo nella ciotola con la farina, le uova e il miele. A impasto quasi terminato, aggiungete il burro ammorbidito e il sale.

2. Lavorate bene fino a ottenere un impasto morbido (non più appiccicoso), liscio e omogeneo che farete riposare in ambiente tiepido, coperto da un panno umido per circa un'ora. Sgonfiate l'impasto, ripiegatelo in tre (folding) e lasciatelo lievitare per 30 minuti.

3. Rovesciate l'impasto sul tagliere, tagliatelo in tre pezzi formando dei filoni e lasciate riposare per 10 minuti.

4. Quindi formate la treccia e lasciatela lievitare per circa un'ora coperta con la pellicola.

5. Spennellate bene con tuorlo e latte e mettete in forno preriscaldato a 180 °C umidificando con lo spruzzino. Cuocete per 25-30 minuti.

Pani speciali

• Grissini

*40 minuti
+ la lievitazione*

Ingredienti

- mezzo chilo di farina di grano tenero tipo 0 (W 200/240)
- 20 g di lievito di birra fresco
- 300 ml di acqua
- 25 g di olio extravergine di oliva
- 30 g di farina di mais
- 10 g di sale

1. Mettete tutti gli ingredienti nell'impastatrice, tranne l'olio che aggiungerete a filo successivamente, e mescolate per 10-12 minuti finché l'impasto sarà diventato liscio. Lasciatelo riposare, coperto con pellicola, per 30 minuti in una ciotola unta d'olio.

2. Rovesciatelo delicatamente sul tavolo formando due filoni senza lavorarli troppo. Spennellateli con olio e lasciateli riposare per 25-30 minuti.

3. Rovesciate i filoni sul piano di lavoro infarinato con farina di mais.

4. Tagliate i filoni trasversalmente in piccoli pezzi. Stirate ciascun pezzo formando dei grissini. Metteteli in una teglia unta d'olio e lasciateli riposare coperti per 30 minuti. Infornate a 200 °C, bagnate con lo spruzzino e cuocete per 12-15 minuti.

La cottura

La cottura del pane – che può avvenire con modalità diverse – richiede conoscenze di base e accorgimenti, che sono fondamentali per ottenere buoni risultati.

Un forno a legna costruito in mattoni pieni.

Il forno di casa

Occorre sempre riscaldare il forno prima di infornare il pane – la temperatura ideale varia, a seconda della ricetta, da 220 a 250 °C –, ma i pani dolci e quelli con molti grassi o spennellati con olio o burro necessitano di temperature inferiori per evitare che la crosta diventi troppo scura. Molte ricette suggeriscono di abbassare la temperatura del forno dopo avere infornato oppure di farlo dopo un certo tempo cosicché il pane cuocia in modo più graduale, ricalcando quanto avviene nel forno a legna, in cui all'inizio si ha una temperatura maggiore, che va diminuendo una volta rimosse le braci. È comunque importante che il forno rimanga umido durante la cottura: nelle prime fasi di cottura, infatti, un ambiente umido faciliterà lo sviluppo della forma (l'ultimo rigonfiamento avviene in forno) e permetterà una cottura migliore, mantenendo morbida ed elastica la crosta. Per ottenere questo risultato è necessario utilizzare un forno non ventilato e sistemare sul fondo un pentolino pieno d'acqua, che dovrà rimanere in loco da quando si riscalda il forno sino a 10-15 minuti dalla fine della cottura; poi è meglio toglierlo per agevolare la formazione della crosta. Eseguite l'operazione aprendo e chiudendo velocemente il forno.

Il forno a legna

I primi forni a legna si risolvevano in una pietra rovente, magari piana, sulla quale erano appoggiati i rudimentali impasti che, colpiti da improvviso calore, si trasformavano in antenati delle odierne focacce. I forni a legna devono essere costruiti in mattoni pieni, propensi a riscaldarsi e a raffreddarsi lentamente grazie all'opportuno rivestimento in materiale "naturale", tipo cenere o sabbia. Vanno riscaldati – occorrono 5 ore almeno per raggiungere i 230-300 °C necessari alla cottura – mediante l'accensione di fascine di legno duro che devono bruciare fino a quando le pareti interne non assumono una colorazione bianca. Il pane ben prodotto, cioè con la pasta madre o, perlomeno, con la biga o la poolish, è esaltato nel sapore e nei profumi dalla cottura a legna, che inoltre rende

---

La cottura di pani grossi e pani piccoli

I pani di grandi dimensioni (oltre i 500 grammi) vanno infornati a 220 °C per 10 minuti, poi si abbassa a 200 °C e si continua la cottura per altri 20 minuti. Questo procedimento fa sì che non si formi all'inizio una crosta spessa che impedisce all'umidità interna di uscire. I pani di piccole dimensioni vanno infornati a 240 °C per 10 minuti proseguendo la cottura a 220 °C per 10-15 minuti. Tali temperature sono indicative poiché ogni forno si comporta in modo diverso.

> ### La conservazione
>
> Il pane si può tenere in frigorifero o a temperatura ambiente in un sacchetto di carta. Fuori dal frigorifero il rischio è che prenda più umidità del necessario e produca muffa nel giro di un paio di giorni. Se si mette in freezer, come tutti gli alimenti, una volta scongelato non può essere ricongelato altrimenti se ne può alterare il sapore e può aumentare la carica batterica, con il rischio di essere nocivo per la salute.

ancora più lento il processo di raffermamento. Risulta, invece, inutile la cottura a legna di pani e pizze realizzate con impasto diretto o con lievito chimico, in quanto la cottura da sola non può migliorare un prodotto di scarsa qualità, ma soltanto regalare un'illusione di genuinità.

La macchina del pane consente di ottenere, con il minimo sforzo, un buon prodotto fatto in casa.

La macchina del pane

La macchina del pane è un piccolo elettrodomestico in grado di impastare, fare lievitare in condizioni ottimali di temperatura e umidità, cuocere – diversi i gradi di cottura – in modo automatico, una pagnotta di pane. Non si deve fare altro che pesare gli ingredienti, versarli nel cestello e scegliere il programma: dopo qualche ora – a seconda del programma prescelto – il pane è pronto. Può essere efficace utilizzarla come impastatrice e come camera di lievitazione, perché si possono controllare la temperatura e il tempo e impasta discretamente. È quindi possibile utilizzarla anche soltanto per queste funzioni e continuare ultimando a mano il pane e cuocendolo poi nel forno di casa.

- *Baguette*
- *Ciriola*
- *Civraxiu*
- *Friselle*
- *Marocca di Casola*
- *Pan di ramerino*
- *Pane carasau*
- *Pane con castagne e uvetta*
- *Pane con olive*
- *Pane di mais*
- *Pane di patate*
- *Pane di zucca*
- *Pane integrale*
- *Pane nero di Castelvetrano*
- *Pane pugliese*
- *Pane toscano*
- *Pani zichi*
- *Taralli*
- *Taralli napoletani*

DOVE HO SBAGLIATO: I DIFETTI DEL PANE E LE RELATIVE CAUSE

• **L'impasto non cresce.** Avete dimenticato il lievito oppure è insufficiente, o il lievito di birra è scaduto e inutilizzabile, o il lievito madre è troppo o troppo poco acido; l'unica possibilità per rimediare è rimpastare con altro lievito.

• **I lati e il fondo del pane sono troppo pallidi.** La temperatura del forno era troppo bassa o la teglia ha impedito al calore di raggiungere in modo uniforme le parti più riparate. Togliete il pane dal forno, eliminate la teglia e infornatelo sottosopra sulla griglia per 5-10 minuti.

• **La crosta è troppo scura.** Forse l'impasto era ancora troppo freddo (quando si conserva in frigorifero), il forno troppo caldo, c'era poco vapore in cottura, farina vecchia, troppo malto, zucchero o sale; per rimediare, togliete il pane dal forno, prima di avere ultimato la cottura, e infornatelo sottosopra sulla griglia per 5-10 minuti.

• **Crosta chiara e soffice.** Il forno è a temperatura troppo bassa e il pane non è ancora completamente cotto: aumentate la temperature e prolungate il tempo di cottura; per vedere se il pane è pronto toglietelo dal forno, capovolgetelo e bussate sul fondo: se suona vuoto è cotto.

• **La crosta è fine e troppo soffice.** Le cause posso essere molte: eccesso di vapore nel forno, temperatura troppo alta, ambiente di fermentazione troppo umido. Per rimediare, diminuite la temperatura e prolungare il tempo di cottura, o aprite lo sportello del forno a 2/3 di cottura.

• **La crosta è spessa e dura.** Le cause possono essere: temperatura del forno bassa o mancanza di vapore, farina troppo "debole", cottura troppo prolungata, impasto troppo acido e/o vecchio, fermentazione insufficiente o eccessiva. Se l'umidità è poca, spruzzate con acqua il pane appena tolto dal forno e tenetelo su una gratella a temperatura ambiente finché non è asciutto; se la crosta è ancora dura, tenetelo per almeno 8 ore in un sacchetto di plastica; se vi accorgete del difetto quando il pane è già freddo, spruzzatelo e rimettetelo in forno per 1-2 minuti.

• **La crosta ha molte fessure o è spaccata.** Forse il pane si è asciugato troppo durante la lievitazione o nel forno c'era poco vapore o è stato esposto a correnti d'aria fredda subito dopo la cottura e si è raffreddato troppo in fretta. Spruzzate con acqua il pane poco prima di infornarlo; se ve ne accorgete a fine cottura, spruzzatelo e rimettetelo in forno per 1-2 minuti direttamente sulla griglia.

• **La crosta si stacca dalla mollica.** Il pane si è asciugato troppo nella fase di lievitazione perché la temperatura era troppo alta o si è usata acqua troppo calda per l'impasto oppure questo è stato esposto a una corrente d'aria fredda prima di essere infornato; la prossima volta controllate questi passaggi e coprite l'impasto con la pellicola durante la lievitazione.

• **Il pane è basso o si sgonfia durante la cottura.** Forse avete usato la farina sbagliata per la ricetta, o il lievito era troppo vecchio, la pasta madre troppo acida, o non avete preriscaldato il forno. Altra causa frequente una lievitazione eccessiva.

• **Il pane si sbriciola.** Forse si è usato troppo lievito di birra o la lavorazione dell'impasto è stata insufficiente o, ancora, dopo la cottura il pane è stato esposto a correnti d'aria. Lasciatelo riposare non meno di 8 ore in un sacchetto di plastica.

• **Il pane ha bolle superficiali e grandi bolle all'interno.** L'impasto non è stato lavorato a sufficienza o è stato tenuto in un ambiente troppo caldo, la farina non era adatta o il forno a inizio cottura era troppo caldo; la prossima volta controllate i passaggi sopra descritti e verificate le temperature durante la lievitazione e la cottura.

• **Il pane è molto umido internamente.** L'impasto non è lievitato a sufficienza oppure è lievitato a temperatura troppo bassa o, ancora, non è ben cotto. Rimettetelo in forno sottosopra direttamente sulla griglia per 5-10 minuti o comunque sino a che non sia più asciutto.

• **La mollica è troppo friabile e il pane è troppo croccante.** Forse avete usato troppa farina, non avete lavorato abbastanza l'impasto o l'avete cotto troppo a lungo; per rimediare, appena tolto dal forno, spruzzatelo con acqua e, ancora caldo, tenetelo in un sacchetto di plastica per qualche ora; la prossima volta riducete la temperatura del forno e controllate i tempi di cottura.

• **Il pane tende ad allargarsi.** Forse avete usato troppa acqua, o non è stato impastato e ripiegato a sufficienza, o l'avete infornato quando l'impasto era troppo lievitato. La prossima volta controllate bene la quantità d'acqua della ricetta e impastatelo e ripiegatelo per almeno 10 minuti, fate la prova con il dito per vedere se è ora di infornarlo e ricordate che l'ultima parte del rigonfiamento avviene in forno.

• **La crosta ha macchie scure e/o grumi.** Avete sciolto male qualche ingrediente: ricordate che lievito di birra e sale vanno sciolti in acqua prima di aggiungerli all'impasto e il lievito madre va incorporato completamente al resto. La prossima volta controllate di avere sciolto bene sale e lievito in acqua e lavorate l'impasto più a lungo.

• **La mollica ha grumi di farina.** Forse si è usata troppa farina, o non è stato impastato a sufficienza. La prossima volta dosate bene le quantità e impastatelo più a lungo, forse è meglio che lo prepariate con la tecnica del re-impasto.

Pane

Pane toscano

1 ora 30 minuti + la lievitazione

INGREDIENTI
Per il preimpasto
- mezzo chilo di farina di grano tenero tipo 0 W 220
- 5 g di lievito di birra fresco
- 300 ml di acqua

Per l'impasto
- mezzo chilo di farina di grano tenero tipo 0 W 200-240
- 400 ml di acqua

1 • Questo pane prevede la preparazione di un preimpasto preparato 12-15 ore prima e lasciato lievitare a temperatura ambiente. Sciogliete il lievito in acqua, unitelo alla farina e lavorate l'impasto per 10 minuti.

2 • Unite al preimpasto l'acqua e la farina. Lavorate bene sino a ottenere un impasto liscio e omogeneo, che lascerete a riposare in ambiente tiepido coperto da un panno umido per circa un'ora.

3 • Rovesciatelo sul tavolo e porzionate in pezzi da circa 600 g che lascerete riposare per 10 minuti. Formate dei filoncini allungati e lasciar lievitare per circa un'ora e mezzo coprendo con un telo.

4 • Cuocete in forno preriscaldato a 220 °C senza umidità per 30 minuti.

Anna Lorenzetti, Firenze

Baguette

35-40 minuti + la lievitazione

INGREDIENTI
Per l'impasto
- un chilo di farina di grano tenero tipo 0 W 220
- 10 g di lievito di birra fresco
- 2 etti di lievito madre (o biga)
- 650 ml di acqua
- 20 g di sale

1 • Questo impasto prevede il ricorso a una lievitazione mista con lievito di birra e lievito madre (o biga). Stemperate il lievito in acqua, mescolando bene fino a scioglierlo. Aggiungete la farina, la madre e il sale. Lavorate bene sino a ottenere un impasto morbido (ma non appiccicoso), liscio e omogeneo, che lascerete riposare in un ambiente tiepido coperto da un panno umido per circa un'ora.

2 • Rovesciatelo, quindi, delicatamente sul tavolo, sgonfiate e praticate piega di rinforzo (folding). Lasciate riposare altri 30 minuti.

3 • Trasferite l'impasto su un piano di lavoro infarinato e dividetelo in 6 panetti di circa 330 grammi l'uno. Lasciate riposare per 10-15 minuti.

4 • Formate le baguette appiattendo i panetti con il palmo delle mani sul piano leggermente infarinato e poi arrotolate per dare una forma allungata. Lasciate sotto, a contatto con il piano, il punto di sutura del rotolo.

5 • Lasciate lievitare per un'ora, poi realizzate con una lametta 5 tagli trasversali obliqui.

6 • Cuocete in forno preriscaldato a 220 °C, umidificato con coccio o spruzzino, per 15-18 minuti.

Luigia Bevione, Monteu da Po (Torino)

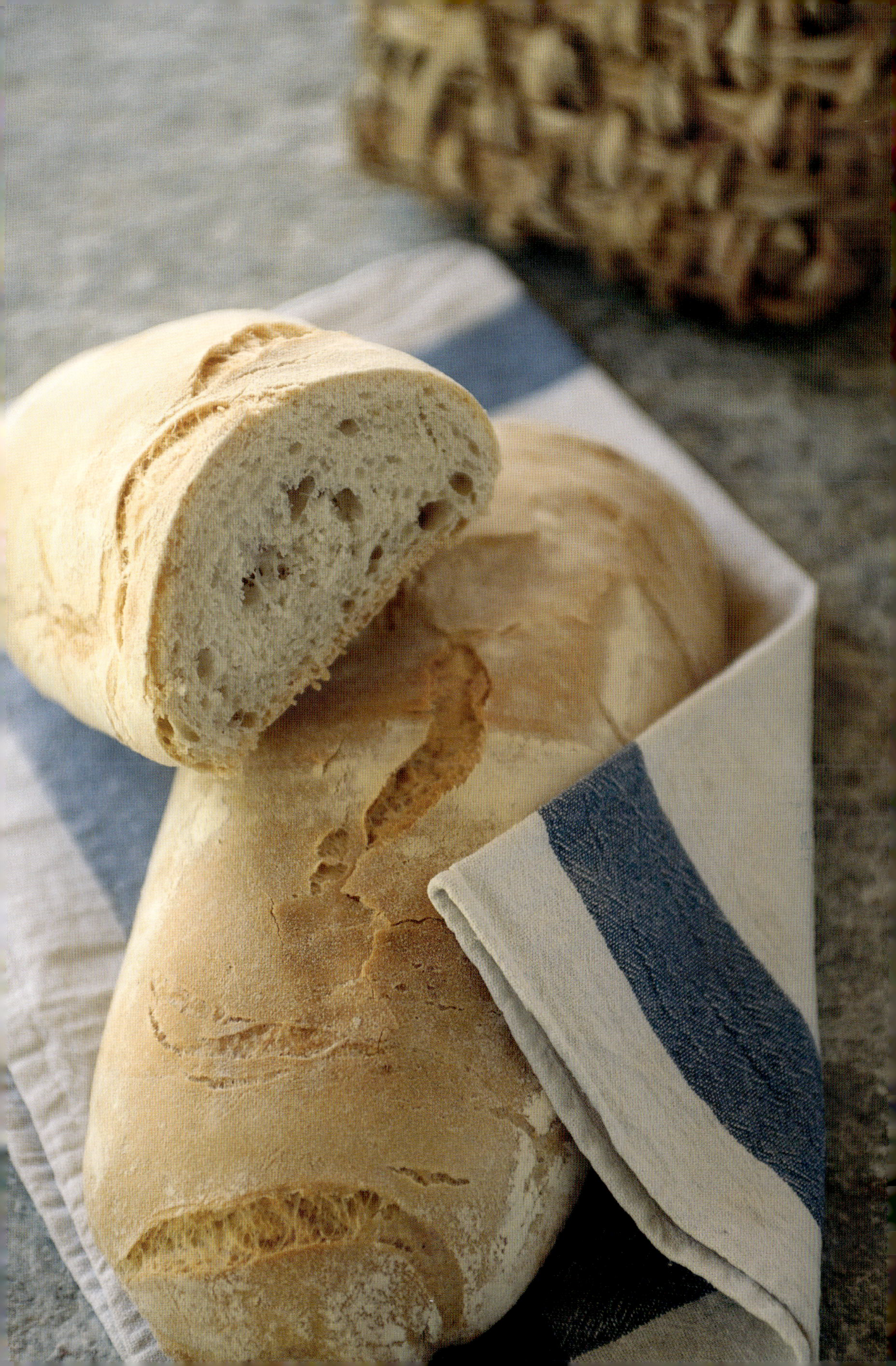

Le Ricette — Pane

1 ora + la lievitazione

Pane pugliese

INGREDIENTI
- un chilo di semola rimacinata di grano duro
- 2 etti di lievito madre
- 600 ml di acqua
- 2 g di lievito di birra
- 20 g di sale

1 • Sciogliete la madre nell'acqua, poi unite la farina, il lievito di birra e il sale. Lavorate sino a ottenere un impasto liscio e omogeneo. Lasciatelo riposare per 5-6 ore coperto da un panno umido. Dopo 3 ore fate una piega (folding).

2 • Ricavate 2 pagnottelle di un chilo circa l'una, formatele a vostro piacere e lasciatele riposare per un paio d'ore in ambiente tiepido coperte da un panno umido.

3 • Cuocete in forno preriscaldato a 220 °C, umidificato con coccio o spruzzino, per 45-50 minuti.

Tonino Primitivo, Brindisi

---

1 ora 10 minuti + la lievitazione

Pane nero di Castelvetrano

INGREDIENTI
- 4 etti e mezzo di semola di timilia integrale (tumminìa)
- 2 etti di semola rimacinata di grano duro
- semi di sesamo
- 2 etti di lievito madre
- 400 ml d'acqua
- 14 g di sale

1 • Sciogliete la madre nell'acqua, poi unite gli sfarinati e il sale. Lavorate sino a ottenere un impasto liscio e omogeneo. Lasciatelo riposare per 5-6 ore coperto da un panno umido. Dopo 3 ore fate una piega (folding).

2 • Ricavate 2 pagnottelle di un chilo circa l'una, formatele a vostro piacere e lasciatele riposare per 2 ore in ambiente tiepido coperte da un panno umido.

3 • Cuocete in forno preriscaldato a 220 °C per 45-50 minuti, dopo avere cosparso la superficie con i semi di sesamo.

Serafina Di Rosa, Castelvetrano (Trapani)

Crosta dura color caffè cosparsa di semi di sesamo, pasta morbida dalla tonalità giallo scuro, il pane di Castelvetrano Presidio Slow Food è **figlio del grano nero** che i siciliani chiamano *tumminìa* (o *timilia*), una sorta di grano duro dalla cariosside e dalle reste nere, presente un tempo in una vasta area mediterranea e considerato fra i migliori frumenti esistenti. La macinatura a pietra, l'uso del lievito madre, la cottura in forni a legna alimentati con sterpi di olivo danno un pane dolce e gustoso con profumi intensi e aromi tostati.

Pane

Pane integrale

1 ora
30 minuti
+ la lievitazione

1 • Sciogliete la madre nell'acqua, poi unite la farina, il lievito di birra e il sale. Lavorare sino a ottenere un impasto liscio e omogeneo, che lascerete riposare in ambiente tiepido coperto da un panno umido per circa 2 ore. Trascorso questo tempo, fate una piega (folding) e lasciate lievitare per un'altra ora.

2 • Ricavate 2 pagnottelle, lasciatele riposare per 10 minuti. Formate a piacere e lasciate riposare per un'ora coperto da un panno umido.

3 • Cuocete in forno preriscaldato a 220 °C per 30-35 minuti.

INGREDIENTI
- un chilo di farina di frumento integrale
- 200 g di lievito madre
- 600 ml di acqua
- 10 g di lievito di birra
- 20 g di sale

Pino Osella, Carmagnola (Torino)

Pane con castagne e uvetta

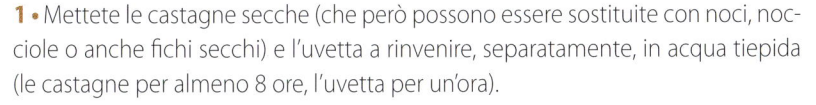

2 ore
30 minuti
+ la macerazione e la lievitazione

1 • Mettete le castagne secche (che però possono essere sostituite con noci, nocciole o anche fichi secchi) e l'uvetta a rinvenire, separatamente, in acqua tiepida (le castagne per almeno 8 ore, l'uvetta per un'ora).

2 • Impastate le farine con acqua tiepida e un pizzico di sale. Unite il lievito e lasciate riposare al caldo.

3 • Bollite le castagne in acqua leggermente salata, sgocciolatele e tritatele grossolanamente.

4 • Incorporate le castagne e l'uvetta nell'impasto e lasciate ancora lievitare per un'ora. Cuocete in forno a 200 °C per circa 50 minuti.

INGREDIENTI
- 7 etti di farina di grano tenero tipo 0
- 3 etti e mezzo di farina di segale
- 3 etti di castagne secche
- mezz'etto di uva passa
- 30 g di lievito di birra
- sale

Enrica Berthod, Courmayeur (Valle d'Aosta)

Questo tipo di pane, cotto tradizionalmente nei forni comuni per essere consumato nei giorni di festa o in particolari ricorrenze, è tuttora preparato da alcuni artigiani di Aosta e di località turistiche come Valtournenche. A Champorcher, dove c'è l'uso di aromatizzare la *mecque de tsategne* (così si chiama in dialetto questo pane) con il cumino selvatico, lo si cuoce ancora nei forni frazionali e lo si propone nei ristoranti, oltre che in una festa annuale. Al rito della panificazione collettiva in questa valle, Mariagiovanna Casagrande ha dedicato una documentatissima quanto affascinante ricerca, pubblicata da Priuli & Verlucca nella collana «Quaderni di cultura alpina».

Pan di ramerino

*1 ora
15 minuti
+ la lievitazione*

INGREDIENTI
- mezzo chilo di farina di grano tenero tipo 00
- 2 cucchiaini di lievito di birra granulare
- 2 rametti di rosmarino (ramerino)
- un etto di uvetta
- 100 ml di acqua
- 4 cucchiai di olio extravergine di oliva
- 1 cucchiaino e mezzo di sale
- 3 cucchiai di zucchero

1 • Impastate la farina con l'acqua, il lievito, l'uvetta fatta rinvenire, due cucchiai di zucchero, l'olio in cui sono stati messi in infusione i rametti di rosmarino e per ultimo il sale.

2 • Lavorate il tutto fino a che la pasta non diventerà liscia ed elastica, poi lasciate lievitare per un paio d'ore finché non sarà raddoppiata di volume.

3 • Sgonfiate l'impasto, lavoratelo sul piano di lavoro ancora per 5 minuti e lasciate riposare per altri 10.

4 • Dividetelo, quindi, in quattro parti dando una forma rotonda. Trasferite le pagnotte sulla placca del forno unta e copritele con un panno, lasciandole riposare per un'ora circa finché non saranno raddoppiate di volume.

5 • Spennellate la superficie con acqua in cui avrete fatto sciogliere un cucchiaio di zucchero e praticatevi con una lametta un taglio a croce profondo 1 centimetro.

6 • Infornate a 200 °C per 45 minuti.

Nora Torrini, Fiesole (Firenze)

Panino morbido, tipico di Prato e Firenze, un tempo preparato durante il periodo pasquale – si donava assieme a un bastoncino intrecciato di giunco ai bambini il Giovedì Santo, durante la rituale visita delle sette chiese – mentre oggi si utilizza per accompagnare formaggi stagionati.

Pane — Le Ricette

Pane di patate

*50 minuti
+ la lievitazione*

1 • Impastate la farina con le patate e il sale; per ultimo aggiungete il lievito di birra diluito con pochissima acqua. Lavorate bene la pasta fino a renderla omogenea; copritela con un canovaccio e lasciatela riposare per 40 minuti.

3 • Trascorso il tempo formate le "micche" e lasciate lievitare. Una volta che saranno lievitate, infornate a una temperatura tra i 180 e i 190 °C (non oltre se volete evitare che l'amido delle patate assuma una sgradevole colorazione nerastra). La durata della cottura varia a seconda della pezzatura del pane e del tipo di forno.

Forno Lusignani, Pellegrino Parmense (Parma)

INGREDIENTI
- 2 chili di farina di grano tenero tipo 0
- 8 etti di patate lesse
- 40 g di sale
- 60 g di lievito di birra

Il pane di patate è un **tipico pane di mistura** consumato in tutta l'Europa nordica ma anche nei Paesi mediterranei: nel Sud d'Italia lo si confeziona ancora in Puglia (pezzature rotonde da mezzo a un chilo) e in Calabria (panetti ovoidali da mezzo chilo). Nelle colline e montagne piemontesi era conosciuto come il pane "che riempie la pancia". L'aggiunta di patate rifletteva la scarsa disponibilità di farina di frumento, ma era suggerita anche dalla considerazione delle caratteristiche della patata, che essendo un buon conservante di morbidezza permetteva di cuocere il pane una sola volta alla settimana. Originariamente il pane di patate era fatto con la farina semiscura integrale, macinata a pietra: con questa farina il pane risulta in effetti più gustoso, autentico e salubre.

Pane di mais

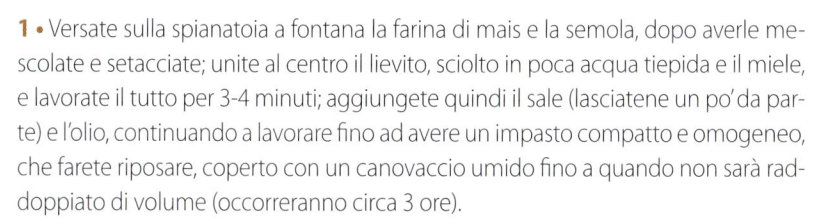

*1 ora 30 minuti
+ la lievitazione*

1 • Versate sulla spianatoia a fontana la farina di mais e la semola, dopo averle mescolate e setacciate; unite al centro il lievito, sciolto in poca acqua tiepida e il miele, e lavorate il tutto per 3-4 minuti; aggiungete quindi il sale (lasciatene un po' da parte) e l'olio, continuando a lavorare fino ad avere un impasto compatto e omogeneo, che farete riposare, coperto con un canovaccio umido fino a quando non sarà raddoppiato di volume (occorreranno circa 3 ore).

2 • Riprendetelo, foggiatelo a mo' di pagnotta, trasferitelo su una placca rivestita con carta da forno, fate delle piccole incisioni sulla superficie e infornate a 220 °C, cuocendolo per circa 20 minuti; abbassate poi la temperatura a 180 °C e ultimate la cottura in 40-45 minuti. Non appena sfornato, spolverizzatelo con un po' di sale.

Pier Antonio Cucchietti, Stroppo (Cuneo)

INGREDIENTI
- 3 etti di farina di mais a grana fine, 3 etti di semola rimacinata di grano duro
- 20 grammi di lievito di birra
- 350 ml di acqua
- un cucchiaio di miele di castagno
- 10 g di sale
- 3-4 cucchiai di olio extravergine di oliva

Pane

Pane con olive

40-45 minuti + la lievitazione

INGREDIENTI
Per la biga
- mezzo chilo di farina di grano tenero tipo 0 W 360
- 5 g di lievito di birra
- 220 ml di acqua

Per l'impasto
- un etto di farina di grano tenero tipo 0
- 100 ml di acqua
- 12 g di sale
- 300 g di olive

1 • Per questo pane si utilizza il metodo indiretto. Per la biga sciogliete il lievito nell'acqua (fredda in estate, a temperatura ambiente in inverno), poi unite la farina. Lavorate grossolanamente l'impasto e lasciatelo riposare per 12-18 ore coperto da un panno umido in ambiente fresco (circa 18 °C). Ottenuta la biga, unitela all'acqua, alla farina e al sale. Lavorate bene sino a ottenere un impasto liscio e omogeneo.

2 • Aggiungete le olive (o in alternativa noci, uvetta, frutta secca nella misura del 30% del peso della pasta), impastate delicatamente e lasciate riposare in ambiente tiepido, coperto da un panno umido per circa un'ora.

3 • Rovesciatelo poi sul piano di lavoro, tagliatelo in pezzi di 3 etti l'uno e fate riposare per una decina di minuti. Formate dei filoncini, lasciate riposare per un'ora e cuocete in forno preriscaldato a 220 °C, umidificato con coccio o spruzzino, per 18-20 minuti.

Samuele Orengo, Ceriale (Savona)

Marocca di Casola

1 ora 30 minuti + la lievitazione

INGREDIENTI
- 3 etti e mezzo di farina di castagne, un etto e mezzo di farina di grano tenero tipo 0
- 5 g di lievito di birra
- un etto e mezzo di lievito madre
- 60 g di patate
- 80 ml di acqua
- 20 ml di olio extravergine di oliva
- 10 g di sale

1 • Lessate le patate, poi schiacciatele con una forchetta e conditele con l'olio extravergine di oliva. Unite le due farine e aggiungete il lievito madre e l'acqua; impastate e fate lievitare a lungo; solo in un secondo momento unirete il lievito di birra, le patate schiacciate (e raffreddate) e il sale.

2 • Formate delle pagnotte del diametro di 15-20 centimetri: con le dosi indicate ne potete preparare 2, che vanno fatte lievitare per 40-60 minuti.

3 • Incidete ogni pagnotta a metà e cuocete in forno a 200 °C per 35-40 minuti.

La marocca di Casola, Presidio Slow Food, è un **antico pane contadino della Lunigiana**, oggi prodotto da un unico forno di Casola. Un tempo l'unica farina disponibile per le popolazioni locali era quella prodotta con questi frutti attraverso la molitura lenta, dopo averli essiccati in casotti a due piani (sotto si accendeva un fuoco e sopra si disponevano le castagne). L'impasto si realizza con fatica e l'aggiunta di un poco di patate lo rende più morbido e serbevole. La cottura avviene in forni a legna, dopo una spolveratura di farina di mais. Il colore è marrone scuro, la consistenza spugnosa.

Fabrizio Bertolucci, Casola in Lunigiana (Massa-Carrara)

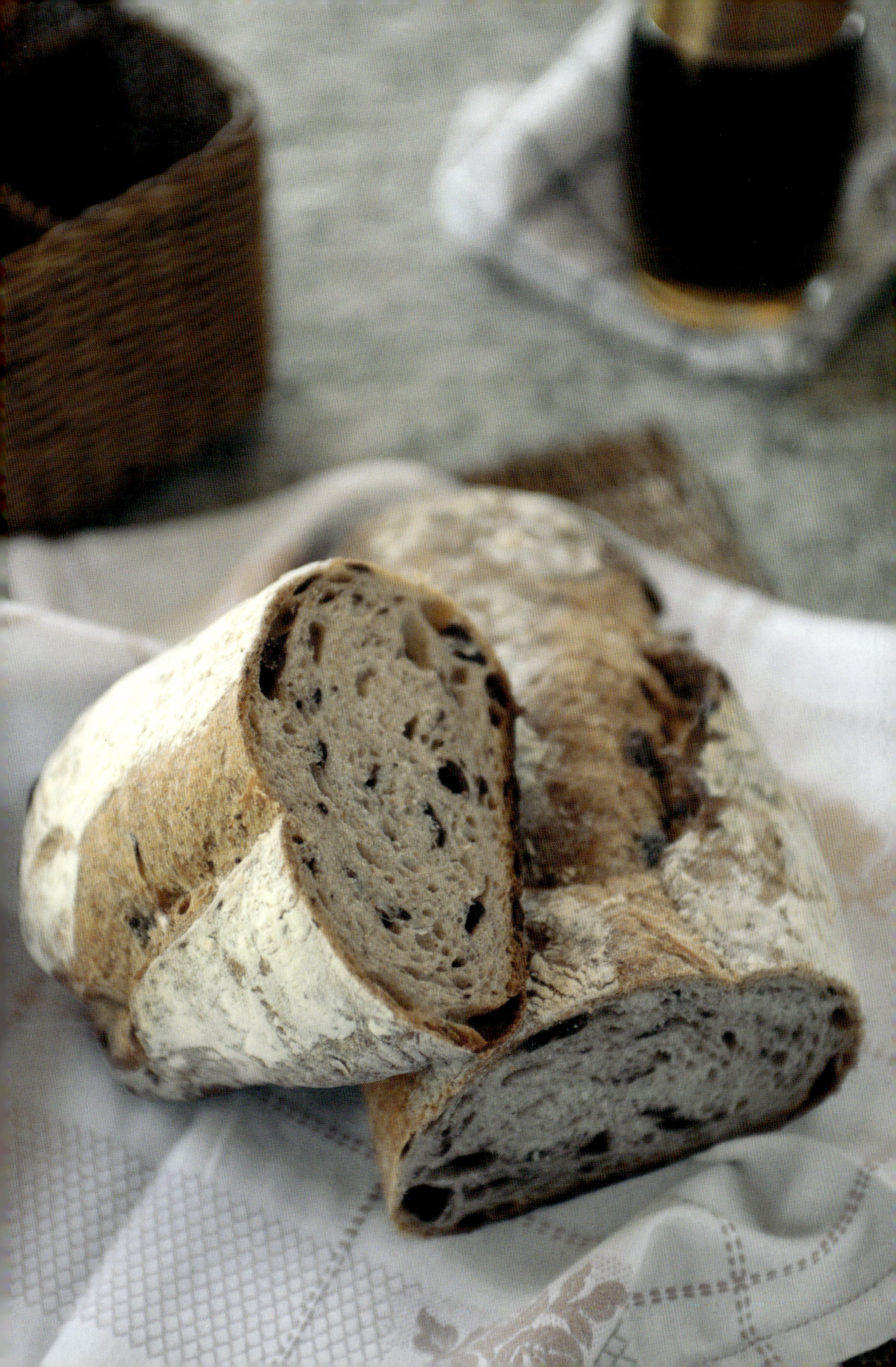

Pane

*50 minuti
+ la lievitazione*

Pane di zucca

INGREDIENTI
- *un chilo di farina di grano tenero tipo 0*
- *mezzo chilo di zucca gialla lessata e pulita*
- *mezz'etto di lievito di birra*
- *30 g di sale*

1 • Amalgamate tutti gli ingredienti e lavorateli fino a ottenere una pasta liscia.

2 • Lasciate l'impasto coperto per un quarto d'ora e poi suddividetelo in "micche" del peso e della forma che desiderate e lasciate lievitare.

3 • Cuocete in forno a 180 °C fino a doratura della superficie. Anche qui la durata della cottura varia a seconda della pezzatura del pane e del tipo di forno.

Forno Lusignani, Pellegrino Parmense (Parma)

Il pane di zucca è il tipico pane di mistura della Pianura padana, diffuso in Emilia soprattutto ai confini con il basso Mantovano, dove la cucurbitacea trova il suo terreno d'elezione. Leggermente più dolce del pane di patate, è gustosissimo anche come "piatto unico".

*1 ora
+ la lievitazione*

Civraxiu

INGREDIENTI
- *un chilo di semola rimacinata di grano duro*
- *3 etti di lievito madre*
- *600 ml di acqua*
- *20 g di sale*

1 • Sciogliete il lievito madre nell'acqua, poi unite la semola e il sale. Lavorate sino a ottenere un impasto liscio e omogeneo, che lascerete riposare per 4-5 ore coperto da un panno umido. Dopo 2 ore fate una piega (folding).

2 • Ricavate due pagnottelle da un chilo l'una, date loro una forma tondeggiante e lasciatele riposare per un paio d'ore in un ambiente tiepido coperte da un panno umido.

3 • Mettete in forno preriscaldato a 220 °C, umidificato con coccio o spruzzino, e cuocete per 45-50 minuti.

Gianni Serra, Carbonia

Questo pane, che assume secondo le zone vari nomi (chivalzu, crivatzu, civràxu o civàrxu), è preparato in tutta la Sardegna, con particolare rilevanza nella zona del Campidano. Per la sua preparazione si utilizzano diverse mescole di sfarinati: semola di grano duro (nella versione più diffusa), un misto di farina di grano tenero e semola e, soprattutto un tempo, il cruschello, cioè gli scarti di raffinazione della farina, con il quale si ottiene un impasto scuro chiamato "pani nieddu", cioè pane nero.

Pane — Le Ricette

Pani zichi

⏱ *1 ora
15 minuti
+ la lievitazione*

INGREDIENTI
- *un chilo di semola rimacinata di grano duro*
- *3 etti di lievito madre*
- *600 ml di acqua*
- *20 g di sale*

1 • Sciogliete il lievito madre nell'acqua, poi unite la semola e il sale. Lavorate sino a ottenere un impasto liscio e omogeneo, quindi lasciatelo riposare per 2 ore coperto da un panno umido.

2 • Ricavate pagnottelle di 2 etti ciascuna, date loro una forma rotonda e lasciatele riposare per un'ora in ambiente tiepido coperte da un panno umido.

3 • Con un matterello stendete dei dischi dello spessore di mezzo centimetro e lasciateli riposare coperti da un panno per altre 2 ore.

4 • Mettete in forno preriscaldato a 250 °C, umidificato con coccio o spruzzino, e cuocete per 12-15 minuti. Non appena sfornati, spennellate i pani zichi con acqua e ripassateli in forno per 2-3 minuti.

Pasqualina Sotgiu, Alghero (Sassari)

È un **pane croccante e privo di mollica**, originario della zona del Sassarese e diffuso in tutta l'area centrosettentrionale. Secondo gli usi locali, il prodotto prende anche il nome di *spianada* o di *zichi ladu* ma, in ogni caso, dopo la cottura in forno a legna, i pani subiscono un particolare trattamento chiamato *imbriadau*, che consiste nello sfregamento della superficie con le mani bagnate, seguito da un brevissimo passaggio in forno. L'operazione serve a rendere lucida la crosta che presenta un colore dorato con nuance rosate ed è spesso impreziosita da motivi decorativi.
L'utilizzo dello zichi è molteplice: fresco accompagna molte pietanze, essiccato entra nella preparazione di alcuni piatti, previa lessatura in brodo o acqua. Un esempio è il pani zichi con carciofi, che si prepara trasferendolo in una padella a pezzi irregolari e aggiungendo i carciofi dopo averli tagliati a fettine e imbionditi in padella con olio extravergine, aglio e prezzemolo; la preparazione è ultimata con mandorle dolci, gherigli di noci spezzettati e una generosa spolverata di pecorino.

Pane

Pane carasau

*1 ora
30 minuti
+ la lievitazione*

INGREDIENTI
- *un chilo di semola rimacinata di grano duro*
- *20 g di lievito di birra*
- *mezzo litro d'acqua*
- *20 g di sale*

1 • Lavorate a lungo gli ingredienti fino a ottenere un impasto morbido, liscio e asciutto. Lasciatelo lievitare, coperto, per un'ora.

2 • Dividetelo, quindi, in panetti da 1-2 etti, che lascerete nuovamente riposare coperti.

3 • Spianate ognuno di essi, con il matterello o manualmente, in dischi molto sottili (massimo 2 millimetri), con un diametro di 50 centimetri; fateli quindi fermentare, separati uno dall'altro, avvolti in teli di lino. Il tutto deve essere preferibilmente ricoperto a sua volta da un panno di lana per alcune ore (almeno 3).

4 • Mettete i dischi in forno – deve essere già a temperatura molto elevata – per pochi minuti. Vanno tolti immediatamente nel momento in cui assumono l'aspetto di palloni gonfi; si ritagliano, quindi, lungo i bordi (con coltello o forbici) di ognuno, in modo da avere 2 dischi separati di pane.

5 • Infornate una seconda volta i dischi così ottenuti, in modo da farli essiccare completamente e renderli del tutto croccanti. La scarsissima presenza di umidità e di sale permette a questo pane tradizionale di mantenersi in perfette condizioni per mesi.

6 • Per finire impilate le sfoglie di pane carasau una sopra l'altra, coprite con un telo di lino (o di cotone), pressate con un disco di legno. In questo modo il pane non si arriccia.

Marina Bendico, Capoterra (Cagliari)

Una preparazione analoga al pane carasau è il **pistoccu**, prodotto in quasi tutta la Sardegna, con particolare rilevanza nella zona del Cagliaritano. Appartiene alla lunga tradizione pastorale della regione. Asciutto e croccante, questo pane si conserva a lungo ed era per questo adatto al trasporto durante la transumanza. Oggi è commercializzato in confezioni da mezzo chilo ed entra in varie preparazioni. Uno dei modi più semplici per gustarlo è condirlo semplicemente con un buon olio extravergine di oliva e sale. Dopo un breve passaggio in forno – giusto il tempo di riscaldarlo – si può gustare il pane guttiau (questo il suo nome) come aperitivo o veloce stuzzichino. Un'altra possibilità è di frantumarlo in briciole non troppo piccole e mescolarlo con pecorino grattugiato. Si trasferisce poi nelle fondine e si copre con un buon brodo di verdure (sedano, carote, zucchine, patate, pomodori, cipolle, biete, prezzemolo) dopo averlo filtrato. Un goccio d'olio e il piatto è pronto.

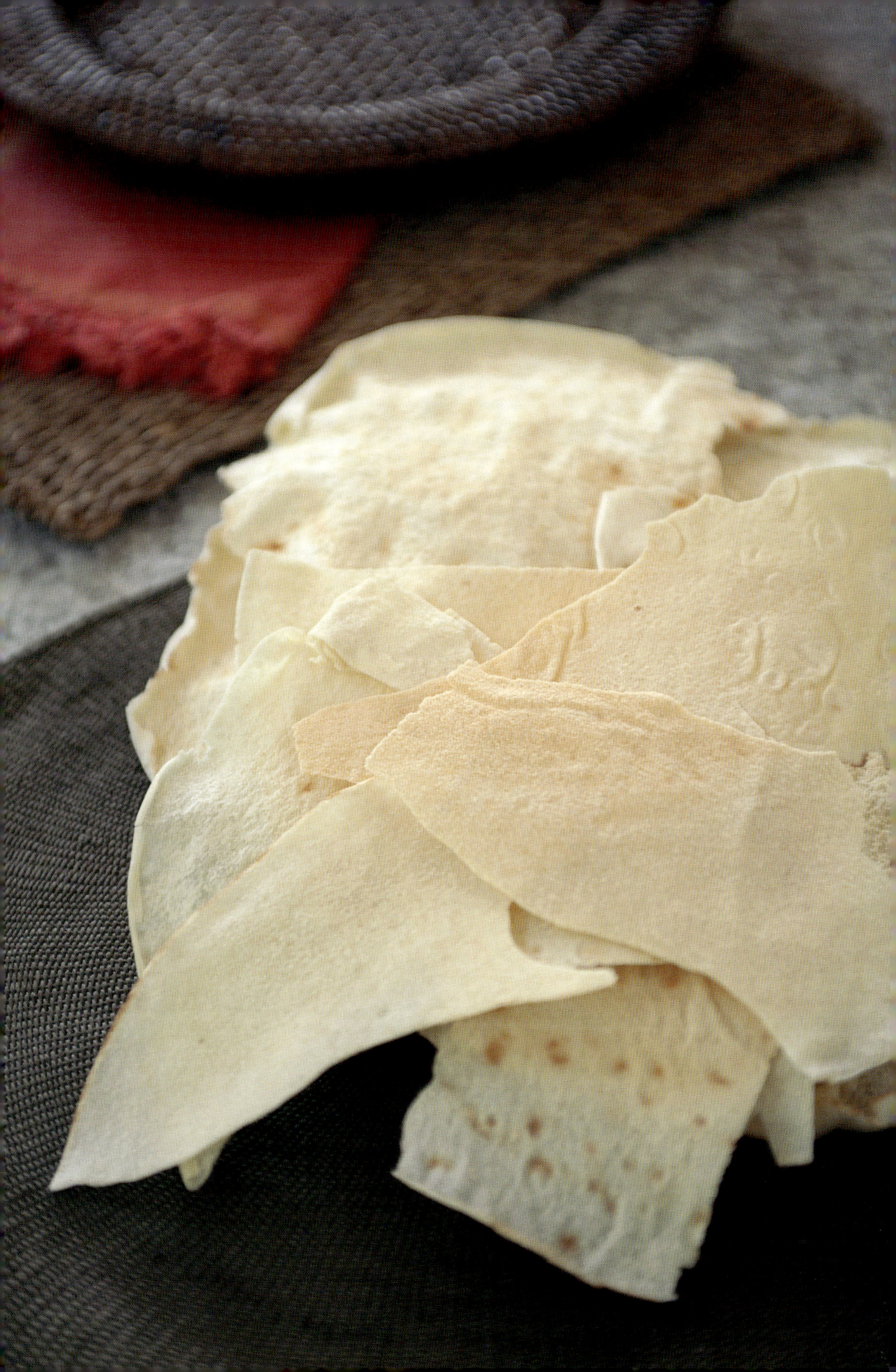

Pane

Taralli

1 ora 30 minuti

INGREDIENTI
- un chilo di farina di grano tenero tipo 00
- 3 ml di vino bianco secco
- 25 ml di olio extravergine di oliva
- 30 g di sale

1 • Lavorate la farina, il vino, l'olio e il sale fino a ottenere un impasto elastico e omogeneo. Lasciatelo riposare, coperto da un panno, per 20 minuti in un luogo non freddo.

2 • In una pentola portate a ebollizione dell'acqua con un cucchiaio di sale.

3 • Formate ora i taralli, ricavando dalla pasta dei bastoncini di un centimetro di diametro e di 8-10 centimetri di lunghezza e chiudeteli su se stessi sovrapponendo le estremità e schiacciandoli con il dito in modo da sigillarli.

4 • Prendetene una decina alla volta, immergeteli nell'acqua bollente e ritirateli, aiutandovi con una schiumarola, non appena salgono a galla. Sistemateli su un panno, uno accanto all'altro, ad asciugare per qualche minuto.

5 • Oliate una teglia da forno e adagiatevi i taralli senza che si tocchino.

6 • Infornateli alla temperatura di 200 °C e fateli cuocere per circa 40 minuti (devono assumere un colore marrone molto chiaro).

Paolo Giangrande, Monopoli (Bari)

Volendo potete **aromatizzare i taralli** aggiungendo nella fase dell'impasto uno di questi ingredienti: semi di finocchio selvatico, sesamo, peperoncino, origano, scaglie di cipolla disidratata. Per un chilo di pasta saranno sufficienti 5 o 6 grammi di aromi.

Taralli napoletani

1 ora + la lievitazione

INGREDIENTI
- mezzo chilo di farina di grano tenero tipo 0
- un etto e mezzo di strutto
- 30 g di lievito di birra
- 200 g di mandorle con buccia
- 2 cucchiaini di pepe nero
- 2 cucchiaini di sale

1 • Sciogliete il lievito in un dito di acqua tiepida e impastate con 100 g di farina; quindi mettete a lievitare in una ciotola coperta con un panno.

2 • Raddoppiato il volume, aggiungete il sale, il pepe, lo strutto, il resto della farina e tanta acqua tiepida quanto basta per ottenere un bel panetto. Lavoratelo almeno per 10 minuti e poi formate dei bastoncini grossi come una matita e lunghi circa 15 centimetri.

3 • Formate con ciascun bastoncino delle piccole ciambelle. Decoratele con le mandorle e mettetele a lievitare, e quando avranno raddoppiato il volume infornatele a 180 °C fino a che non saranno ben dorate.

Antonio Rizzo, Napoli

Ciriola

35-40 minuti + la lievitazione

1 • Questo pane è fatto con il metodo indiretto (vedi p. 44). Per la biga sciogliete il lievito nell'acqua (fredda in estate, a temperatura ambiente in inverno), poi unite la farina. Lavorate grossolanamente l'impasto. Lasciatelo, quindi, riposare da 12 a 18 ore coperto da un panno umido in un ambiente fresco (circa 18 °C). Otterrete una biga di 1460 grammi.

2 • Unite a questa l'acqua, la farina, il sale. Lavorate bene sino a ottenere un impasto liscio e omogeneo, che lascerete riposare in ambiente tiepido coperto da un panno umido per circa un'ora.

3 • Rovesciatelo poi sul tavolo e tagliatelo in pezzi da un etto l'uno, che stenderete con il matterello. Arrotolateli a forma di filoncino con le estremità appuntite e lasciate riposare per un'ora. Tagliateli poi con una lametta in senso longitudinale.

4 • Cuocete in forno preriscaldato a 250 °C, molto umidificato con coccio o spruzzino, per 10-12 minuti.

Vittorio Rossi, Tarquinia (Viterbo)

INGREDIENTI
Per la biga
- *un chilo di farina di grano tenero tipo 0 W 360*
- *10 g di lievito di birra fresco*
- *450 ml d'acqua*

Per l'impasto
- *un chilo di farina di grano tenero tipo 0*
- *650 ml d'acqua*
- *40 g di sale*

Friselle

50 minuti-1 ora + la lievitazione

INGREDIENTI
- un chilo di semola rimacinata di grano duro
- 2 etti di lievito madre
- 600 ml di acqua
- 2 g di lievito di birra
- 20 g di sale

1 • Preparate l'impasto come per il pane pugliese (vedi p. 68) e lasciatelo riposare per 30 minuti circa.

2 • Dividetelo, quindi, in due parti, con una volendo farete il pane, con l'altra le friselle.

3 • Lasciate riposare per 15-20 minuti, poi formate dei filoncini lunghi 15 centimetri, del peso di un etto e mezzo (per friselle piccole, il peso può però aumentare a piacere).

4 • Fate riposare per altri 10-15 minuti, quindi allungate i filoncini fino a 30 centimetri e chiudeteli a ciambella mantenendo un buco abbastanza largo all'interno.

5 • Coprite e lasciate lievitare, preferibilmente in luogo tiepido, per 10-12 ore su di una teglia o una leccarda rivestita di carta forno.

6 • Cuocete una prima volta per 12 minuti a 180 °C. Le ciambelle devono rimanere morbide e bianche.

7 • Lasciate raffreddare le frise e tagliatele a metà (attenzione a tagliare bene e a non lasciare zone meno spesse, perché sono le prime che si bruciano).

8 • Trasferitele su una teglia. Cuocete di nuovo alla temperatura di 170 °C per 20 minuti, poi a 140 °C per altri 20 minuti (le temperature e i tempi di cottura sono indicativi: regolatevi in modo che le vostre frise non diventino troppo scure).

Filippo Leone, Alliste (Lecce)

Chiamata anche frisella, o frisedda, fresedda, frisa o in napoletano fr'sell, è un pane biscotto che si realizza in tutta la Puglia, ma anche nel Napoletano. Esiste anche una versione più povera fatta con la farina d'orzo o con miscele di farina d'orzo e grano duro. Secondo la tradizione, dopo la prima cottura nel forno, la ciambellina viene tagliata in due con uno spago in modo che la superficie assuma un aspetto rugoso. Il consumo avviene dopo averla bagnata (più o meno secondo i gusti) in acqua (un tempo di mare) e condita con pomodoro fresco, origano, sale e un filo d'olio. Si può anche, prima di ammorbidirla con l'acqua, strofinarla con aglio e aggiungere peperoncino e cetriolo (nella variante pugliese il cetriolo "carosello") e come condimento si possono usare anche le olive verdi o nere, i lampascioni e altro.

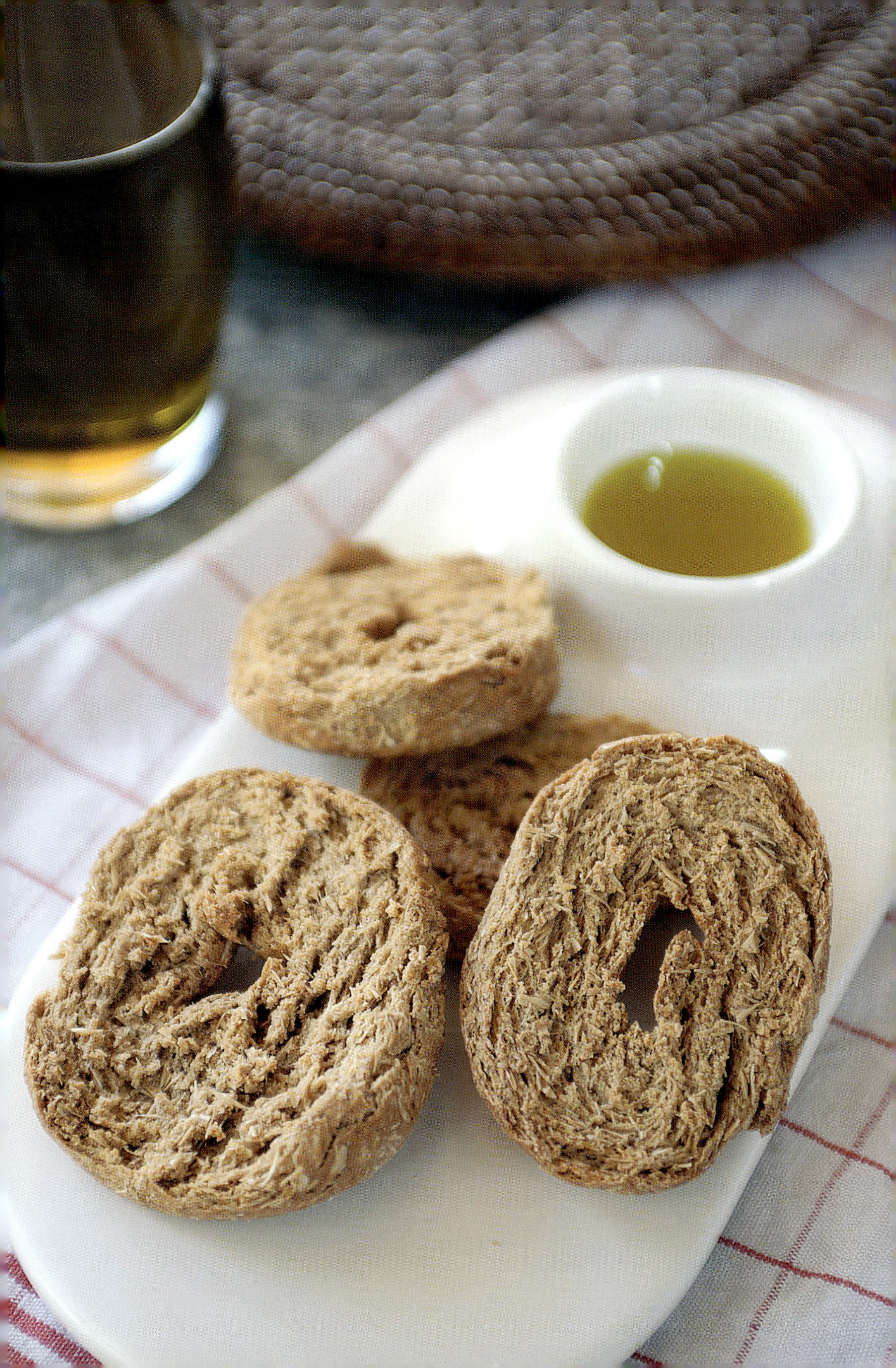

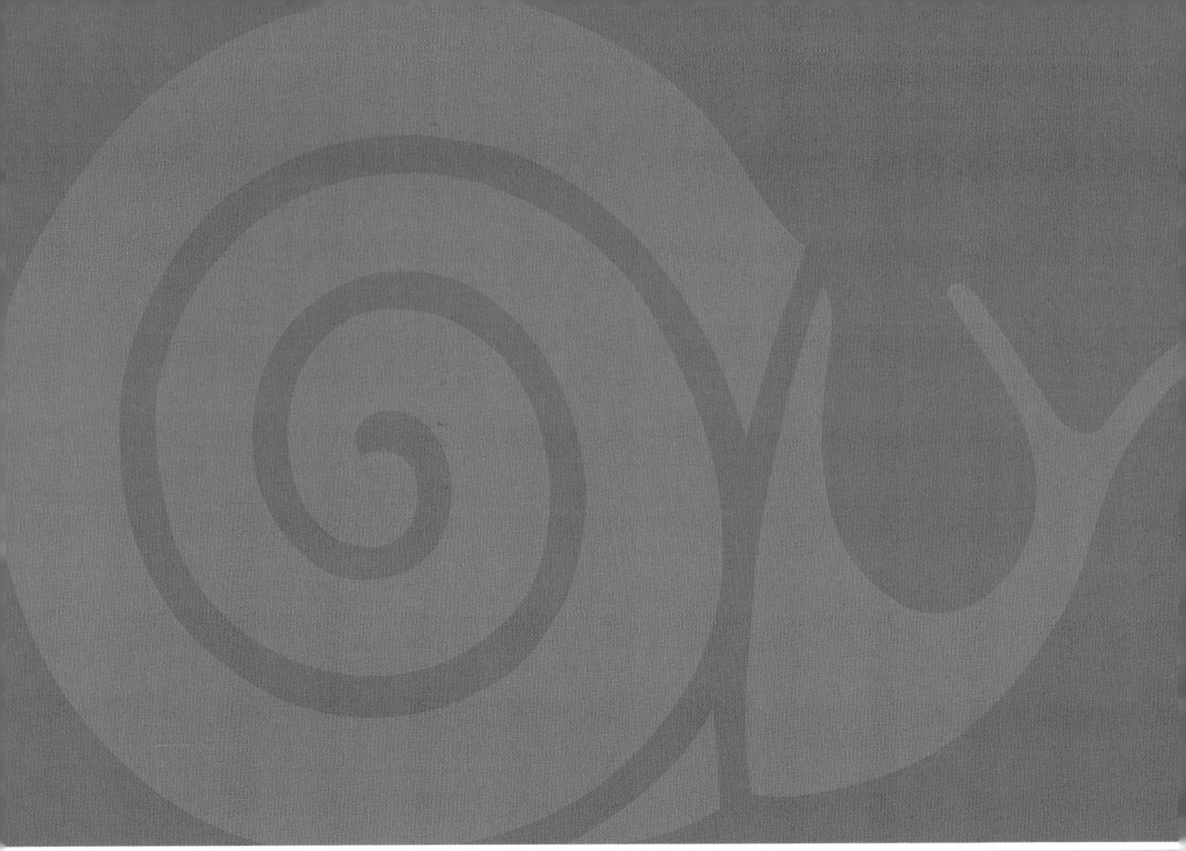

Le focacce e le pizze

Cenni storico-gastronomici

La focaccia, questa semplice preparazione, si è nel tempo arricchita di ingredienti e varianti, tanto da diventare una vera specialità.

Focaccia deriva da *focus*, il che vale di per sé a individuarla come parola riferita a un cibo antico: quasi l'archetipo delle cose cotte sul fuoco. Pizza ha un'origine più controversa (forse dal germanico *bizzo*, morso, boccone), ma – come le varianti pinza e pitta – è attestata nel latino medievale delle regioni del Sud, anche in anni anteriori al Mille, con il significato di focaccia. Sono quindi due termini generici, che indicano una preparazione di pasta di pane stesa sottile e cotta in forno. La ricetta base è semplicissima e risponde a esigenze pratiche, che ne hanno determinato la diffusione in tutte le culture asiatiche ed europee: disporre di un pezzo di pane da usare a mo' di piatto (le "mense" citate nei poemi classici), come protezione delle dita da cibi sugosi e caldi o come contenitore di un qualche condimento. Ma nei secoli la focaccia si è arricchita di ingredienti dando vita, nel nostro e in altri Paesi, a varie specialità regionali.

Ricordiamo la focaccia ligure (pasta lievitata di farina di grano tenero condita con olio di oliva e sale), la sardenaira (simile alla *pissaladière* provenzale, con cipolle e acciughe), la fitascetta comasca (anch'essa con cipolle), le schiacciate o stiacciate del Centro Italia. Di alcune esistono anche versioni dolci.

Una schiacciata molto sostanziosa è la pinza, di pasta morbida alla quale si incorporano dadini di salame o di pancetta; stesa in una tortiera, lievita in due riprese e cuoce in forno per mezz'ora. La pitta calabrese è una ciambella di pasta di pane farcita con ciccioli e peperoncino o con murseddu, uno stufato di carne e frattaglie di maiale, cotte nel lardo con l'aggiunta di vino rosso, erbe aromatiche e peperoncino. In passato, nelle campagne la pinza o la pitta costituivano spesso l'unico piatto caldo.

Ma la fortuna, recentemente rinnovata, delle focacce è legata alla loro versatilità e comodità di consumo: aprono il pasto, accompagnano l'aperitivo, placano l'appetito a qualsiasi ora della giornata e sono uno dei cibi di strada più popolari.

Un discorso a parte merita la pizza, che da sinonimo centro-meridionale di focaccia è diventata l'emblema dell'italianità nel mondo, al pari degli spaghetti. A conquistare questo ruolo è stata la sua forma napoletana, un disco di pasta condito con olio e salsa di pomodoro oppure arricchito con mozzarella, origano, basilico, acciughe, funghi, prosciutto...

La presenza del pomodoro, sconosciuto fino a Ottocento inoltrato, testimonia che si tratta di una ricetta non antichissima: le pizze di cui si dice fosse ghiotto re Ferdinando II erano forse, come tutte quelle documentate in precedenza nel Mezzogiorno peninsulare, torte rustiche farcite con lardo, salame, provola, indivia scarola o piccoli pesci e fritte nello strutto. Va detto che, nel tentativo di arginare la fervida fantasia dei pizzaioli, dal 2004 è stata riconosciuta come Specialità tradizionale garantita la pizza prodotta secondo le regole di un disciplinare che ne prevede solo tre tipologie: pizza napoletana (pomodori, olio extravergine, sale), pizza napoletana Margherita (con fior di latte e basilico), pizza napoletana marinara (con aglio e origano).

Focaccia con cipolle.

Focaccia con verdure miste.

Le focacce

La fitascetta, una specialità comasca. Sotto, focaccia con il rosmarino.

C'è chi sostiene che la focaccia sia anche più antica del pane. In effetti, la cottura di un impasto appiattito e sottile può avvenire senza alcuna difficoltà sopra un sasso piatto fatto arroventare sul fuoco. Potrebbe essere che le focacce più antiche siano state realizzate prima ancora della scoperta della lievitazione e della invenzione del forno.

Nel nostro Paese, la stratificazione avvenuta nel corso di millenni fra le diverse tecniche è tuttora presente nella straordinaria varietà di pani piatti offerti dalla tradizione regionale. Si va dagli impasti spesso non lievitati, come per esempio la piadina, e cotti sui testi di coccio o di metallo, alle altre numerose preparazioni dai nomi più disparati e fantasiosi.

Specialità salate ma anche molti dolci di pasta di pane, stesa sottile in forma rotonda oppure rettangolare, che quando sono di piccole dimensioni si cuociono direttamente nel forno, quando sono più grandi, invece, si stendono in teglie larghe e basse. Si tratta di specialità che possono anche essere arricchite con gli ingredienti più disparati, secondo una tradizione millenaria, che racconta come questi pani fossero originariamente usati come piatti per contenere il companatico e alla fine mangiati assieme a esso.

Sarebbe davvero impossibile tentare di enumerare tutti questi ingredienti aggiunti, talmente la fantasia popolare si è sbizzarrita, talvolta per caso, altre volte per estro, in altri casi ancora per pura necessità.

Il nome di focaccia può essere attribuito anche ad altre preparazioni che consistono in due dischi di pasta sovrapposti e inframmezzati dai più disparati ingredienti, ma che probabilmente è più corretto definire torte e che non sono quindi oggetto di questo libro.

Focaccia di Genova

1. Utilizzate gli ingredienti dell'impasto per grissini (vedi p. 60): metteteli tutti nell'impastatrice, tranne l'olio che aggiungerete a filo dopo, e mescolate per 10-12 min. finché l'impasto non diventerà liscio e si sarà avvolto totalmente al gancio. Lasciatelo riposare, coperto con pellicola, per 30 minuti in una ciotola unta d'olio.

2. Stendete l'impasto sulla teglia unta d'olio, senza tirare la pasta, ma premendo con i polpastrelli in modo da occupare tutta la teglia con spessore omogeneo. Lasciate lievitare per 30 minuti. Versate sulla superfice della schiacciata 100 grammi di emulsione (metà acqua e metà olio) con 5 grammi di sale, tenendone da parte un poco. Lasciate lievitare per 60 minuti.

3. Con i polpastrelli di entrambe le mani, realizzate delle profonde fossette, nelle quali verserete l'emulsione di acqua e olio tenuta da parte. Infornate a 240 °C per 15 minuti circa.

Focaccia di Voltri

L'impasto è identico a quello della focaccia di Genova con la differenza che va steso in forma rotonda su una piccola pala cosparsa di farina di mais. Dopo averlo lasciato riposare coperto da un canovaccio, realizzate sulla superficie, con i polpastrelli, le classiche fossette. Infornatelo, utilizzando la pala, nel forno dotato di mattonella refrattaria, a 240 °C per 15 minuti circa. Il risultato è una focaccia piacevolmente croccante.

Focaccia di Recco

È un impasto molle di grano tenero senza lievito. Impastate gli ingredienti e formate delle piccole palle di pasta che lascerete riposare per 2 ore. Stendete le palle con il matterello e successivamente con le mani tirando fino ad ottenere dei dischi sottilissimi. Sistemate una sfoglia su una teglia di rame unta e cospargetela con fiocchi di prescinseua, cagliata tradizionale ligure (potete anche sostituirla con lo stracchino). Coprite con una seconda sfoglia identica alla prima. Chiudete bene i bordi e praticate sulla superficie del disco superiore alcuni piccoli tagli. Ungete con olio e infornate a 280 °C per 10 minuti.

Una focaccia di Voltri con le tipiche fossette.

Ingredienti della focaccia di Recco

- 4 etti di farina di grano tenero tipo 0 (W 360)
- 40 g di olio extravergine
- 200 ml di acqua
- 10 g di sale
- 2 etti di prescinseua (o di stracchino)

Focacce liguri con aromi

La ricetta della focaccia di Genova, che vi abbiamo descritto alla pagina precedente, può essere variamente aromatizzata e condita con i più disparati ingredienti. Particolarmente profumata è quella con la salvia o il rosmarino, che vanno tritati e cosparsi appena prima di infornare; oppure con le olive (magari con i resti appena franti come si usava un tempo); o anche con le cipolle, che vanno cosparse crude tagliate non troppo finemente.

- Borlenghi
- Chizze
- Fainé sassarese
- Focaccia al rosmarino
- Focaccia farcita alle erbe
- Focaccia ortolana
- Gnocco al forno
- Gnocco fritto
- Miasse
- Pani cun tamatica
- Piadina
- Pitta di patate
- Pizza al formaggio
- Pizza bianca
- Pizza de turco con cicoria
- Spianata di Ozieri
- Stria
- Tigelle integrali

Schiacciata con i ciccioli

È un impasto molle di grano tenero con biga ma si può fare anche con il metodo diretto. Se utilizzate la tecnica dell'impasto indiretto, impastate tutti gli ingredienti (tranne i ciccioli) e lasciate lievitare per un'ora. Poi fate un folding (vedi p. 45) e lasciate riposare un'altra ora. A questo punto unite all'impasto i ciccioli (che dovranno essere finemente sminuzzati) e stendetelo nella teglia. Lasciate riposare il tutto coperto con un canovaccio per un'ora; quindi fate le fossette con le dita e infornate a 240 °C per 15 minuti circa. Questa schiacciata è molto diffusa in tutta l'area padana su entrambe le sponde del Po. Si presenta con vari nomi: gnocco ingrassato a Bologna (ed è ripieno di dadini di prosciutto o mortadella), crescenta nel Ferrarese (ed è ripiena di lardo o di strutto), oppure come quella descritta nella ricetta reggiana e mantovana, impastata con i ciccioli che possono anche essere d'oca nella tradizione ebraica.

Ingredienti della schiacciata con i ciccioli
- 3 etti di farina di grano tenero tipo 0
- 3 etti di biga
- 250 ml di acqua
- 13 g di sale
- 150-200 g di ciccioli tritati fini

Crescia maceratese

È un impasto molle di grano tenero con biga. Impastate tutti gli ingredienti e lasciate lievitare per un'ora, poi fate un folding (vedi) e lasciate riposare un'altra ora. Stendete l'impasto su una piccola pala in forma rotondeggiante con bordi spezzettati e imprimete le fossette sulla superficie. Lasciate riposare il tutto coperto con un canovaccio; quindi cospargete la superficie con olio extravergine. Infornate a 240 °C per 15 minuti. Nella provincia di Macerata, e nella zona di Gubbio, la crescia si prepara con la pasta del pane, si può condire con olio, sale, cipolla o rosmarino. Alcune

Ingredienti della crescia maceratese
- 3 etti di di farina di grano tenero tipo 0
- 3 etti di biga
- 250 ml di acqua
- 13 g di sale

La schiacciata con i ciccioli in origine era dolce.

> **Ingredienti della schiacciata con l'uva**
> - 3 etti di di farina di grano tenero tipo 0
> - 3 etti di biga
> - 250 ml di acqua
> - 13 g di sale
> - un bel grappolo di uva nera

varianti storiche prevedono l'uso nell'impasto di strutto e ciccioli di maiale (detti localmente "grasselli" o "sgriscioli"), e la sostituzione della farina di grano tenero con quella di granoturco.

Schiacciata con l'uva fresca

Si tratta di un impasto molle di grano tenero con biga. Impastate tutti gli ingredienti tranne l'uva e lasciate lievitare per un'ora, poi fate un folding (vedi) e lasciate riposare un'altra ora. Stendete l'impasto nella teglia e decoratelo infilandovi i chicchi d'uva (meglio se senza semi) con una leggera pressione. Infornate a 240 °C per 15 minuti. circa. Molto diffusa fra l'Emilia e la Toscana (dove si chiama stiaccia o ciaccia), viene preparata durante la vendemmia e si mangia a colazione o a merenda, ma anche come rustico dolce. Nel Mantovano si chiama buffetta. Lo zucchero non si mette: nella tradizione popolare non si sprecava visto che l'uva era già dolce di suo; peraltro senza è più buona per il contrasto tra dolce e salato.

Fitascetta comasca

1. È un impasto molle di grano tenero. In una pagnotta di circa 500 grammi realizzate con le dita un foro centrale.

2. Con entrambe le mani ruotate e allargate il foro fino a ottenere una ciambella.

3. Aggiungere sulla superficie le cipolle imbiondite nel burro. Ponete la ciambella sulla pietra refrattaria e infornate a 200 °C e cuocete per 20 minuti.

Focaccia di patate

1. Gli ingredienti sono: 250 grammi di patate lessate e altrettanta farina; in più lievito di birra (15 grammi), 2 cucchiaini circa di sale fino, acqua tiepida (90-100 ml) e 3-4 cucchiai di olio extravergine di oliva.

2. Dopo aver schiacciato bene le patate lesse, aggiungete l'olio extravergine di oliva.

3. Aggiungete quindi la farina mescolando con cura in modo da ottenere una miscela omogenea.

4. Unite infine il sale, il lievito e l'acqua e impastate ancora bene. Stendete nella teglia, lasciate lievitare per 60 minuti e infornate a 180-190 °C per 20-25 minuti circa.

Le focacce

Le pizze

La pizza con pomodoro e basilico è alla base di tutte le varianti successive.

Il termine pizza, proprio dell'area centro-meridionale d'Italia, ha sempre indicato, in maniera generica, una sorta di base di pane di farina di grano tenero o di altro cereale rotonda e schiacciata e variamente condita con altri ingredienti salati o dolci. Esiste nel nostro Paese un infinito numero di pizze, pinze, pitte che spesso si confondono e si sovrappongono con altre preparazioni che sconfinano nella categoria delle torte, delle schiacciate oppure delle focacce. La pizza che, a partire dalla fine del XIX secolo, è decisamente diventata la protagonista della scena gastronomica nazionale, è fra le tante la variante napoletana.

All'inizio della sua storia costituiva un "mangiare per strada" appartenente alla famiglia delle fritture partenopee. Dorata nella sugna dopo la farcitura con provola, cecinielli, salame, lardo, scarola ecc. veniva venduta, ma ancor oggi lo si fa, nei vicoli di Napoli. A partire dal secondo dopoguerra questo cibo povero, ma squisito, diventa l'universale simbolo del mangiare italiano, e la pizzeria, un particolare tipo di locale che si propaga in tutto il mondo.

La diffusione universale della pizza napoletana ha sollecitato, nel bene e nel male, la nascita di incalcolabili varianti della pizza, dalle originarie tuttora richiestissime alle più ardite e spesso improbabili.

La pasta della pizza

Le caratteristiche e le qualità del disco di pasta di pane che sorregge gli altri ingredienti è oggetto di discussioni fra gli appassionati che si dividono in contrapposte scuole di pensiero: sottile e croccante, spessa e morbida, con il cornicione rigonfio o ridotto e quasi impercettibile. Innanzitutto per fare un buon impasto ci vuole un'ottima materia prima. Partiamo dalle farine: assolutamente solo da cereali biologici e, possibilmente, macinati a pietra antica: in questo modo, infatti, surriscaldandosi meno il chicco, si preserva maggiormente le qualità del prodotto. Ormai è diventato facile anche per i privati reperire questo tipo di farine grazie alla maggiore richiesta da parte dei consumatori attenti. La pasta della pizza è la stessa del pane. Ci si può quindi sbizzarrire nello scegliere il metodo di lievitazione (diretto, indiretto, con lievito madre) mentre l'impasto può essere più o meno duro. È certo, comunque, che gli impasti che danno una pasta spessa, morbida e fragrante e niente affatto gommosa sono quelli ottenuti con l'uso del lievito madre e con le lunghissime lievitazioni (come del resto si faceva anticamente). Anche l'uso del lievito di birra richiede, se si ricerca una buona qualità, lunghe lievitazioni.

Impasto base con lievito madre

Le quantità indicate consentiranno di preparare circa 8 panetti per pizza. Il lievito di birra serve per dare più elasticità all'impasto e non far partire immediatamente la fermentazione lat-

L'impasto per la pizza è lo stesso che si usa per il pane.

Ingredienti per impasto con lievito madre

- un litro di acqua (meglio se minerale)
- 7 etti di farina di grano tenero tipo 0
- 7 etti di farina di grano tenero tipo 2 macinata a pietra
- 45 g di lievito madre
- 1 g di lievito di birra
- 35 g di sale marino

tica che potrebbe dare un tocco troppo acido al vostro impasto, mentre per dare maggiore sapidità all'impasto stesso, è possibile sostituire 100 grammi di farina di tipo 2 con della semola di grano duro macinata integrale. Sciogliete dunque nell'acqua i due lieviti utilizzando una ciotola capiente oppure direttamente nell'impastatrice. Aggiungete lentamente le farine continuando a impastare (energicamente nel caso la lavoriate a mano). Non appena avrete versato tutte le farine, aggiungete il sale e lasciatelo sciogliere per qualche secondo. Se disponete di una impastatrice a diverse velocità aumentate i giri e lasciate girare per circa 5-7 minuti o comunque finché l'impasto non avrà raggiunto una consistenza uniforme e compatta. Se impastate a mano lavorate l'impasto per almeno una decina di minuti.

Le variabili, soprattutto legate a umidità e temperatura, sono difficilmente calcolabili, quindi il consiglio è di regolarvi in base alla compattezza dell'impasto. Cercate di formare una massa compatta e riponetela in una ciotola che possa contenere almeno il doppio del suo volume. Sigillate il contenitore con la pellicola da cucina. Lasciatelo a temperatura ambiente per un lasso di tempo variabile tra mezzora e un'ora a seconda della temperatura esterna, poi riponetelo in frigorifero per 24 ore circa. Rimettetelo su una spianatoia e riportatelo a temperatura ambiente. Siccome il vostro impasto avrà una percentuale di acqua piuttosto alta (intorno all'80%) durante il periodo di attesa (all'incirca un'ora) cercate di fare un paio di pieghe (vedi folding a p. 45). Ora con una spatola tagliate il vostro impasto in pezzi da circa 250 grammi l'uno e cercate di creare palline compatte e uniformi. Riponetele su un vassoio coperte con un panno umido e lasciatele riposare per circa un'ora.

Stendete i dischi. Se non avete la possibilità di cuocere le vostre pizze direttamente su pietra, oliate una piccola teglia (28-30 centimetri di diametro) e adagiatevi il disco di pasta dopo averlo allargato con le mani sul piano di lavoro infarinato. Farcite a vostro piacimento.

Una volta pronte, le palline di impasto si stendono in dischi più o meno sottili con il matterello.

- *Calzone con sponsali e nasello*
- *Calzone di carne e cipolle*
- *Pizza alla napoletana*

Impasto base con lievito di birra

Mettete tutti gli ingredienti in una ciotola (il sale per ultimo) e impastate bene. Dopo la lavorazione coprite la massa e lasciatela riposare per 30 minuti. Dividete l'impasto in panetti da 250 grammi e formate delle palline compatte e omogenee. Mettetele quindi in frigorifero per 24 ore. Estraetele dal frigorifero e lasciatele riposare da 1 a 5 ore. A questo punto stendete i dischi e farcite a vostro piacimento. Infornate e cuocete al massimo dei gradi che consente il vostro forno per 8-10 minuti. Se disponete di un forno a legna portatelo a 400 °C circa e cuocete per 3 minuti, girando a metà cottura la pizza per evitare che la parte rivolta verso la fiamma si bruci.

Ingredienti per impasto con lievito di birra
- un chilo di farina di grano tenero tipo 0 (W 200-240)
- 50 g di lievito di birra
- 600 ml di acqua
- 20 g di sale marino integrale

Impasto base di farina integrale con lievito madre

Questo impasto prevede l'impiego di farina integrale in senso lato: con "integrale", infatti, si intende il tipo di molitura e non il cereale d'origine, quindi date spazio alla vostra creatività e al vostro gusto personale e scegliete il cereale macinato integrale che più vi piace. È anche un ottimo modo per imparare a distinguere i vari grani. L'importante è che siano moliti a pietra.

Ingredienti per impasto di farina integrale
- 6 etti e mezzo di farina di grano tenero tipo 2
- 6 etti e mezzo di farina integrale
- 40 g di lievito madre
- 1 g di lievito di birra
- un litro di acqua
- 35 g di sale marino integrale

Per preparare l'impasto è importante disporre di una spianatoia comoda per poter lavorare con agio.

Ingredienti per impasto con le trebbie

- 7 etti di farina di grano tenero tipo 2
- 7 etti di farina di grano tenero tipo 0
- 2 etti di trebbie
- 50 g di lievito madre
- 1 g di lievito di birra
- un litro di acqua
- 35 g di sale

Il procedimento è uguale a quello per l'impasto base. L'unica differenza è che contenendo parti macinate più grosse, le farine integrali tendono a legare meno e quindi potrebbe esserci bisogno di più tempo di lavoro, manuale o di impastatrice. Anche il tempo di lievitazione potrebbe essere leggermente minore: tenete sempre controllato il vostro impasto per evitare che si sfibri.

Impasto base con le trebbie

Cercate un birrificio artigianale nella vostra zona e chiedete se potete avere un pochino di trebbie: si tratta dei cereali macinati grossolanamente, utilizzati per l'infusione all'inizio della produzione della birra. Aggiungerli al vostro impasto darà quel tocco di sapore e consistenza particolare per uscire un po' dagli

Pizza sottile e cornicione a vostro gusto

Se vi piace la pizza sottile e croccante, allora dovete preparare un impasto con il lievito di birra (vedi p. 24) ma utilizzando una farina ricca di glutine (W 360 manitoba) in modo da ottenere un impasto molto estensibile. Dopo una lievitazione lunga, che renderà la vostra pasta migliore, stendete il disco tirando con le mani la pasta in modo da ottenere un disco sottilissimo. Per il cornicione della pizza, se lo preferite sottile (a sinistra) stendete il disco con il matterello; se invece lo volete spesso (a destra), stendete la pas schemi. Ricordatevi però che dopo l'utilizzo per la produzione di birra le trebbie sono calde: dovrete aspettare che arrivino a temperatura ambiente prima di utilizzarle.

Anche in questo caso, il procedimento è il medesimo dell'impasto base, tranne per il fatto che le trebbie dovranno essere aggiunte solo dopo aver disciolto i lieviti e prima di iniziare ad aggiungere i due tipi di farina.

Le farciture

Non meno importanti sono gli ingredienti che si mettono sopra l'impasto, una volta steso. Si può giocare sulla povertà dei componenti, ma senza rinunciare al sapore, come la semplicissima **pizza aglio e olio** con origano, sale, pepe e anticamente fiocchetti di sugna oppure, anche qui rinunciando al pomodoro, la pizza bianca al pecorino, cipolla, pepe e olio o sugna.

La **pizza marinara** invece oltre all'aglio e all'olio si tinge di rosso con il pomodoro. La **pizza alla romana** vuole il pomodoro, la mozzarella e le acciughe. Queste alcune delle più semplici e intramontabili ma, come tutti sanno. si può esagerare abbondando con ingredienti di ogni tipo.

La farcitura è l'azione che vi consentirà di rendere la vostra pizza speciale raggiungendo, se siete abili, un risultato di straordinario equilibrio ed eccellenza gastronomica.

Per questo non basta mettere degli ingredienti generici a copertura dei vostri impasti, ma è sempre buona cosa cercare ottime materie prime, possibilmente locali, per abbinarle con sapienza all'impasto che, se ottenuto con lunghe lievitazioni, è di per sé squisito e richiede di essere valorizzato e non nascosto.

La pizza Margherita

È la pizza storica creata da Raffaele Esposito nel 1889 per la regina d'Italia Margherita di Savoia.

Il vero segreto di questa farcitura sta nel selezionare, per cominciare, un ottimo pomodoro. Possibilmente scegliete il pelato San Marzano, particolarmente adatto alla pizza, e spaccatelo a

Antichi pomodori di Napoli, Presidio Slow Food.

Un'ottima fior di latte renderà squisita la pizza Margherita; in basso, pizza con zucchine e melanzane grigliate.

mano in una ciotola, cercando di sminuzzarlo il più possibile. Il vantaggio di lavorarlo a mano consiste nell'ottenere una salsa rustica e soprattutto non alterarne il sapore surriscaldandolo con il passaggio nel frullatore.

La mozzarella deve essere una fior di latte fresca (meglio se di un caseificio artigianale che usa solo latte a chilometro zero), tagliata a fette dello spessore di mezzo centimetro circa e lasciata scolare per almeno un'ora prima di utilizzarla. Dopo aver steso il vostro disco di pasta, ungete la superficie con un po' di olio extravergine di oliva di modo che faccia da strato protettivo per non far penetrare l'acqua rilasciata dal pomodoro. Stendete uniformemente un cucchiaio di pomodoro e aggiungete qualche fetta di mozzarella. Guarnite con alcune foglioline di basilico fresco. Una possibile variante, per dare un tocco di sapore in più, potrebbe essere l'aggiunta di un'acciuga spezzettata nel pomodoro, oppure sostituire il basilico con dell'origano fresco (rimane più profumato rispetto a quello secco).

Le pizze con le verdure

La farcitura a base di verdure si esalta vicendevolmente con un impasto di farina integrale.

La cosa più importante è seguire sempre la stagionalità, anche perché gli abbinamenti tra le verdure di stagione sono spontanei. Ad esempio zucchine, melanzane e peperoni, forse il più classico, ma anche qualcosa di più innovativo come fiori di zucca, fagiolini e piselli o qualcosa di più invernale come cavolo verza, patate e cavolfiore.

Per quanto riguarda le verdure, le potete tagliare e precuocere come meglio credete, cercando sempre di mantenere i sapori originali. Le zucchine potranno essere grigliate tagliate a fette, o fritte a rondelle, o spadellate con olio e prezzemolo o, addirittura, tagliate a fettine sottilissime con un'affettatrice e poste crude sulla vostra pizza prima di infornarla.

Esiste poi un'affinità particolare fra le verdure e i pesci che può essere sfruttata: pesci in conserva come acciughe o tonno, ma anche pesci freschi come le cozze o altri frutti di mare. Per quanto riguarda il pomodoro e la mozzarella non è detto che dobbiate sempre utilizzare entrambi: potete usarne uno solo o anche nessuno dei due. Volendo, potete addirittura sostituire la mozzarella con un altro formaggio. Cercate piuttosto, di volta in volta, di abbinare gli ingredienti secondo il criterio della sintonia, preferendo verdure biologiche e di stagione. Provate a cercare qualche azienda agricola nella vostra zona che coltivi biologico... vi stupirete di quante ne troverete.

Le pizze con i salumi

Usate prosciutto, salame, salsiccia e tutta la gamma dei salumi che tradizioni norcine locali completamente diverse propongono. Avrete a disposizione prodotti che possono caratterizzare in modi diversi e significativi la vostra farcitura. Anche in questo caso la qualità dei salumi è fondamentale. La norcineria artigiana offre prodotti di eccellenza, privi di conservanti e additivi.

Fra i vari tipi di impasto che vi abbiamo proposto quello con le trebbie della birra e quello integrale sono senz'altro i più adatti per questo tipo di pizza.

La salsiccia trova alleati importanti fra alcuni formaggi (gorgonzola, mozzarella, formaggi affumicati e molti altri) anche se l'abbinamento andrebbe fatto fra salumi e formaggi della stessa regione e... attenzione, il pomodoro non sempre ci sta bene!

Altro accoppiamento perfetto è il classico napoletano salsiccia e friarielli (una sorta di piccole cime di rapa). Ma la salsiccia ama anche altre verdure come le cipolle, i peperoni, la scarola. Anche in questo caso il pomodoro può essere di troppo come nella pizza con i friarielli, assolutamente bianca.

Infine due consigli importanti. Primo, non abbondate troppo con il formaggio che potrebbe diventare eccessivo e offuscare tutti gli altri sapori; secondo, i salumi crudi o dal gusto sottile e complesso metteteli dopo che la pizza è uscita dal forno: il calore li farà sciogliere leggermente facendo sprigionare i loro gradevoli aromi.

Un classico della tradizione napoletana: la pizza con salsiccia e friarielli.

Il calzone si presta a essere riempito nei modi più fantasiosi, a seconda del gusto e dell'estro.

Calzone

Si tratta di una vera e propria pizza napoletana, con il medesimo impasto, che, dopo la farcitura, viene ripiegata a metà (a mezzaluna se si parte da un impasto rotondo, a cilindro se si parte da un impasto quadrato) e cotta nel forno.

Anche il calzone nasce nei vicoli partenopei fra le specialità *frienn magnann* (fritto e mangiato) di umili friggitorie. Una delle ricette più classiche del calzone prevede un ripieno di ricotta, provolone (o caciocavallo o mozzarella), una cucchiaiata di pecorino o parmigiano, e 50 grammi di salame non troppo stagionato sbriciolato.

Oggi il calzone si riempie secondo i gusti del cliente, o secondo l'estro del pizzaiolo. Un'avvertenza: non richiudetelo troppo stretto, il ripieno deve avere lo spazio per gonfiarsi.

È certamente vero che la tradizione napoletana ha stravinto la sua battaglia per imporsi sul mercato globale, tuttavia esistono in svariate regioni, soprattutto centro-meridionali, preparazioni tradizionali che possono essere annoverate come varianti della pizza.

Calzone con lo spunzale

Molte sono le varianti del calzone pugliese. Alcune prevedono che la pasta stesa (sempre del tipo a impasto molle di

grano tenero) abbia una forma quadrata che, richiusa, diviene rettangolare.
Nella variante garganica addirittura vengono sovrapposte due pizze rotonde ponendo nel mezzo una farcia di cipolle porraie (gli spunzali), alici, qualche oliva, pepe e olio. In altre varianti si prevede oltre al pomodoro, un pugno di capperi, basilico e prezzemolo e infine pecorino o ricotta marzotica (realizzata cioè all'inizio della primavera e poi leggermente stagionata e un po' piccante).

Sfincione

La pasta dello sfincione (detto anche sfinciuni o spinciuni) viene realizzata con un impasto molle (vedi p. 43) di farina di grano duro. Steso in forma rotonda o quadrata, viene lasciato particolarmente spesso in modo che lieviti ancora nel forno e raggiunga una consistenza molto morbida e spugnosa (il nome pare derivi dal latino *spongia*, spugna).
A Palermo la farcitura viene realizzata con pomodori pelati, acciughe, cipolle a fettine, scaglie di caciocavallo, sale, pepe, e olio d'oliva, mentre a Bagheria si fa con acciughe, pecorino fresco, mollica mista a pecorino grattato, cipolla appassita, origano e olio.
Tradizionale cibo di strada viene venduto nelle pizzerie e panetterie, ma anche da ambulanti, per le vie della città a bordo di tricicli motorizzati (meglio conosciuti come "lapini") che invitano ad assaggiare il loro gridando a voce alta o attraverso un amplificatore.
Simile allo sfincione è il cudduruni, che è diffuso in altre città della Sicilia (come Lentini e Carlentini).
Un tipo viene condito, prima di essere infornato, con cipolla, pomodori pelati, acciughe a pezzi, salsiccia a pezzi e pecorino. Un altro tipo si farcisce con cipolla, broccoli crudi, formaggio, acciughe e salsiccia a pezzi. Un altro ancora con cipolla, patate crude affettate finemente, salsiccia a pezzi, pezzettini di acciuga e formaggio pecorino.

Il calzone con lo spunzale, pugliese, si fa con un ripieno a base di un tipo particolare di cipolle.

Rianata

Si utilizza un impasto molle (vedi pp. 43-44) di grano duro. Dopo un folding (vedi p. 45) si stende la pasta a uno spessore non superiore ai 2 centimetri e si condisce con aglio tagliuzzato, scaglie di formaggio primosale, pezzetti di acciughe, fettine di pomodoro maturo, sale, pecorino grattugiato e olio e, infine, abbondantissimo origano (la parola "rianata" infatti significa "origanata"). Infornate e cuocete per 30 minuti a 250 °C.

Torta con le erbe

Fa parte delle focacce condite (pizzate) del Ponente ligure. Su una base di focaccia di Genova (vedi p. 87) si cosparge un composto di biete da foglia (oppure, se la stagione lo consente, borragine) tritate crude e miscelate con uova, cipolle, latte, olio, sale e grana. Si inforna e si cuoce. Come ultimo tocco prima di mangiare, si distribuiscono qua e là delle olive taggiasche.

La torta con le erbe, specialità ligure.

LE FOCACCE E LE PIZZE

Pizzalandrea

Derivata dalla provenzale *pissaladière*, prende in Liguria vari nomi, come pisciadella, pisciarà, piscialandrea, sardenaira o machetusa. Tutte le varianti hanno come base la pasta per la focaccia di Genova (vedi p. 87) che una volta stesa viene cosparsa di sugo di pomodoro, olive nere, qualche spicchio d'aglio vestito e acciughe fresche. Nella sardenaira si utilizzano sardine, mentre nella machetusa, il machetto, un impasto di sardine salate e olio. Si cuoce in teglia.

Pitta calabrese

Viene confezionata con gli stessi ingredienti del pane (di impasto molle), cotta in forno, anche in forma di ciambella, poi tagliata calda e riempita con il morzeddu o morsello, un classico cibo di strada catanzarese ancora oggi molto richiesto (vedi box sotto). Infinite le versioni di pitte di Calabria, in genere in forma di focacce, a forma piatta e irregolare oppure rotonda con un foro centrale, sovrapposte inserendo le farciture più disparate: la pitta alla serritana, con amalgama di uova, mozzarella, pecorino grattugiato, prosciutto o soppressa, la pitta alla reggina con ripieno di ricotta, salame, prezzemolo, uova sode affettate e la parte superiore prima bucherellata, poi cosparsa di strutto prima di essere infornata, la pitta con le sarde e il peperoncino e così via. Esiste anche una pitta ai semi di sambuco tipica di Serra San Bruno (Vibo Valentia). Si tratta di due dischi sovrapposti di pasta fra i quali si distribuisce un ripieno composto da semi di sambuco, olive, acciughe e a volte cipolla, o ricotta e salame.

La pizzalandrea è la variante ligure della più nota pizza napoletana.

Morzeddu

Si prepara con frattaglie – polmone, fegato, milza – e omaso di maiale, cotti (volendo, si possono prima bollire) nel lardo con vino e salsa di pomodoro, dopo una iniziale rosolatura in olio extravegine di oliva, aglio, erbe aromatiche e peperoncino. Si chiama così perché la tradizione vuole che lo si mangi a morsi imbottendone la pitta.

Piadina

25 minuti + la lievitazione

INGREDIENTI
- un chilo di farina di grano tipo 00
- 35 g di lievito da pane (madre o biga)
- 7 g di lievito di birra
- 300 ml di latte
- 200 ml di acqua gassata
- 3 g di strutto
- 20 g di zucchero
- 2,5 g di sale

1 • Impastate bene insieme tutti gli ingredienti, fate delle palle di pasta e lasciatele riposare coperte da un telo di plastica (che le farà "sudare" e le terrà al caldo) per una giornata.

2 • Tirate l'impasto con il matterello o con la macchina apposita ottenendo uno spessore di circa un centimetro; tagliatelo usando uno stampo del diametro di una ventina di centimetri.

3 • Cuocete i dischi da entrambi i lati per circa 5 minuti su una piastra ben calda: se non disponete dell'attrezzatura tradizionale (testi di terracotta, pietra o ghisa da arroventare su braci di legna o di carbone), utilizzate una padella di ferro e il normale fornello di cucina. L'aspetto finale della piadina sarà leggermente bruciacchiato.

Trattoria Cavalieri, Castel San Pietro Terme (Bologna)

Ecco – in quantità idonea a soddisfare l'appetito di una folta brigata di commensali, come piace al suo carattere aperto e generoso – il **pane romagnolo per eccellenza**, la mitica piadina. Regina delle feste popolari, dei chioschetti da spiaggia, dei padiglioni dove si balla il liscio, domina la scena del "fast food mediterraneo" anche a migliaia di chilometri dalla riviera adriatica: allegra, schietta, estroversa, come capacità di "colonizzazione" si è rivelata seconda solo alla pizza. Un successo non privo, al solito, di inconvenienti, perché ha favorito il diffondersi di imitazioni industriali che hanno banalizzato l'immagine della simpatica e nobile piadina: oggi sfizioso ingrediente di riunioni conviviali, ma fino a ieri – con il più sobrio appellativo di piada, forse da plàdena che designa l'asse di legno su cui si impasta il pane – elemento basilare dell'alimentazione popolare, vero "cibo-monumento" del territorio.
Pare certo che l'archetipo della piadina si ricolleghi al pane azzimo ebraico: l'aggiunta di lievito, contemplata nella versione che presentiamo (arricchita anche di latte), è contestata dai puristi, ma secondo i suoi sostenitori rende le piadine più digeribili e gustose. Ammessa invece quasi da tutti la sostituzione dello strutto con l'olio.
Gli accompagnamenti più classici della piada sono il prosciutto, la salsiccia fresca, il formaggio molle (soprattutto squacquerone o stracchino), le bietole lessate e ripassate in olio e aglio. In Romagna, si prepara anche una piadina dolce.

Focacce e pizze — Le Ricette

Stria

*1 ora
30 minuti
+ la lievitazione*

1 • Preparate l'impasto mescolando la farina, un bicchiere d'acqua, il lievito, l'olio e parte dello strutto. Impastate fino a ottenere un impasto liscio e omogeneo. Lasciate lievitare per almeno 2 ore.

2 • Lavorate ancora a lungo l'impasto e, quindi, stendetelo molto sottile – non più di mezzo centimetro – praticando con le dita le classiche fossette.

3 • Spennellate la superficie di strutto e spolverizzatela di sale. Infornate, possibilmente in un forno a legna, per mezz'ora a temperatura piuttosto bassa, perché la stria deve rimanere di colore chiaro.

INGREDIENTI
- un chilo di farina di grano tenero tipo 0
- 25 g di lievito di birra
- 15 g di sale grosso
- acqua
- 2 cucchiai di olio extravergine d'oliva
- una noce di strutto

Agriturismo Corte d'Aibo, Monteveglio (Bologna)

La stria è nata per usare i ritagli di pasta della panificazione e la bassa temperatura del forno che, dopo la cottura del pane, si andava spegnendo. Si gusta con i salumi, in particolare il prosciutto crudo.

Spianata di Ozieri

*40 minuti
+ la lievitazione*

1 • Sciogliete la madre nell'acqua, poi unite la semola e il sale. Lavorate sino a ottenere un impasto liscio e omogeneo. Lasciate riposare per un'ora coperto da un panno umido.

2 • Ricavate pagnottelle da mezzo chilo, formatele rotonde e lasciatele riposare per un'ora in ambiente tiepido coperte da un panno umido.

3 • Con un matterello stendete dischi dello spessore di mezzo centimetro e lasciateli riposare coperti da un panno per altre 6 ore. Mettete in forno preriscaldato a 250 °C, umidificato con coccio o spruzzino e cuocete fino a perfetta doratura.

INGREDIENTI
- un chilo di semola rimacinata di grano duro
- 2 etti di lievito madre
- 600 ml di acqua
- 20 g di sale

Michele Ruzzu, Nulvi (Sassari)

La spianata di Ozieri è una focaccia priva di mollica, **tipica del Logudoro**, a base di semola di grano duro e lievito madre, impastati con acqua tiepida. Per la sua consistenza, leggermente più morbida rispetto al più noto pane carasau, la spianata trova largo uso nella preparazione di umidi o di zuppe sostanziose.

Focacce e pizze

25 minuti

Borlenghi

INGREDIENTI
- *325 g di farina di grano tenero tipo 0*
- *un uovo*
- *1225 ml di acqua*
- *un pizzico di sale*
- *una cotica di maiale*
- *pancetta, salsiccia*
- *aglio*
- *rosmarino*
- *parmigiano reggiano grattugiato*

1 • Lavorate l'uovo con la farina aggiungendo l'acqua fino a ottenere un impasto colloso e molto liquido.

2 • Prendete una padella del diametro di almeno 45 centimetri (detta in Emilia "sole"), possibilmente di rame battuto e stagnato, mettetela sul fuoco, ungetela leggermente sfregandola con la cotica di maiale, poi versateci un mestolo di impasto e stendetelo rapidamente su tutta la superficie mediante decise ondulazioni della padella.

3 • Girate il borlengo quando, ormai cotto, tenderà a staccarsi da solo. La cottura richiede almeno 10 minuti a fuoco lento e deve risultarne una specie di "ostia" molto sottile e friabile.

4 • Una volta cotti, i borlenghi vanno conditi con una cucchiaiata di "pesto" (soffritto di pancetta e in parte minore di salsiccia, aromatizzato con rosmarino e spolverato di parmigiano), piegati in quattro e mangiati senza l'ausilio di posate.

Agriturismo Tizzano, Zocca (Modena)

40-50 minuti

Miasse

INGREDIENTI
- *6 etti di farina di mais a grana fine, un etto di farina di grano tenero tipo 00*
- *2 uova*
- *un pezzetto di lardo*
- *mezzo litro di latte*
- *mezz'etto di burro*
- *sale*

1 • Impastate le farine con le uova, il latte, il burro e poco sale, fino a ottenere un composto della consistenza della pasta da pane.

2 • Ricavatene delle porzioni che metterete tra i ferri da cialde, unti di lardo, cuocendole per qualche minuto sulla brace.

3 • Tenete le focaccine al caldo e usatele per accompagnare salumi o formaggi freschi.

Maria Fornero, Ivrea (Torino)

Imparentate con altri pani-focacce, lievitati e non, tipici di più regioni montane, non solo alpine, le **miasse o miasce** vanno cotte con un attrezzo apposito, il *millasseur*, formato da due piastre collegate a lunghi manici che si aprono e chiudono a tenaglia. Con varianti (brodo al posto del latte, ad esempio), queste cialde salate accomunano un'area estesa dall'alto Canavese alla valle del Lys (dove vengono preparate in genere con sola farina di mais). Nell'ultima guerra le miasse hanno spesso sostituito il pane: oggi sono una golosità che si sposa alla perfezione con gli eccellenti salumi e formaggi valdostani.

Focacce e pizze — Le Ricette

Chizze

40-45 minuti

1 • Versate sul tagliere la farina, ponetevi al centro metà del burro, lo strutto e il sale e impastate il tutto facendo uso dell'acqua e dell'agresto moderno (dell'aceto di vino nel quale, qualche giorno prima, saranno stati immersi timo, salvia e rosmarino).

2 • Maneggiate con i palmi fino a quando l'impasto non risulterà liscio e omogeneo.

3 • Tirate la pasta con la cannella (matterello) e spalmatela leggermente di burro, quindi ripiegatela e ripetete l'operazione due volte; da ultimo tirate la sfoglia piuttosto sottile.

4 • Date alle chizze la forma che preferite (quadrata o rettangolare) e riempitele di formaggio tagliato a fettine sottili; oppure adagiate il formaggio a mucchietti sulla pasta e tagliate le chizze con la rotella.

5 • Friggete in abbondante olio extravergine di oliva per 5-10 minuti.

INGREDIENTI
- *3 etti di di grano tenero tipo 00*
- *3 etti di grana da pasto, 2 etti di grana giovane*
- *acqua minerale gassata*
- *agresto moderno*
- *40 g di burro, una noce di strutto*
- *olio per friggere*
- *sale*

Pier Giorgio Oliveti, Reggio Emilia

Nelle chizze, che sarebbero state inventate da un fornaio ebreo di Reggio, è di rigore la mancanza di lievito e l'uso dell'agresto, l'aceto un tempo ottenuto dall'uva acerba.
Nello **gnocco**, molto simile e spesso servito con le prime, l'impasto può essere realizzato con due etti farina di grano tenero, una noce di burro e una di strutto, un pizzico di lievito di birra granulare e acqua minerale gassata appena stappata. Con la cannella si realizza poi una sfoglia dalla quale si ricavano vari pezzi che si friggono nell'olio: per la presenza del lievito a differenza delle chizze gli gnocchi si gonfieranno. Di questa preparazione esistono però diverse varianti per quanto riguarda impasto e cottura (vedi le pp. 110-11).

Le Ricette — Focacce e pizze

*30 minuti
+ il riposo
e la lievitazione*

Tigelle integrali

INGREDIENTI
- un chilo di farina integrale biologica di grano tenero macinata a pietra
- 2 cucchiai di olio extravergine d'oliva biologico
- una manciata di sale fino o sale marino integrale
- un bicchiere di latte
- un pizzico di zucchero
- mezzo litro di acqua minerale gassata
- una bustina di lievito naturale secco per panificazione

1 • Calate la farina a fontana su una spianatoia. Fate intiepidire il latte, versateci il lievito e lo zucchero, mescolate, coprite e lasciate riposare per 15 minuti.

2 • Controllate che il lievito sia affiorato, aggiungetelo al composto sulla spianatoia e impastate il tutto aiutandovi con l'acqua. Lavorate bene, quindi lasciate riposare per circa 2 ore.

3 • Tirate una sfoglia alta poco meno di mezzo centimetro e tagliatela a dischi di 10-15 centimetri di diametro che cuocerete da ambo i lati per una decina di minuti negli appositi stampi.

4 • Servite le tigelle con affettato misto o con un trito di lardo o pancetta tritata fine, rosmarino, aglio e una spruzzata di parmigiano.

Osteria Vecchia, Guiglia (Modena)

Le tigelle – qui presentate in una ricetta a base di farina integrale, ma si possono preparare anche con farina di grano tenero tipo 00 – sono da sempre il "pane" delle colline modenesi. Anche se il nome vero sarebbe "**crescentine**", tutti le chiamano tigelle (cioè "tegoline"), come le piastre di materiale refrattario in cui vengono cotte, impilando e alternando pasta e tigelle, separate da una foglia di castagno (resterà impresso sul pane il disegno, creando un bell'effetto). Oggi, in realtà, si utilizzano in molti casi piastre di ghisa scaldate dalla resistenza elettrica. Diverse le crescentine fritte di impasto lievitato di farina di grano tenero tipo 00 – sulle colline modenesi se ne prepara anche una versione con farina integrale priva di lievito –, che si chiamano gnocco fritto (vedi ricetta a pag 110) a Bologna, pinzin a Ferrara, torta fritta a Parma.

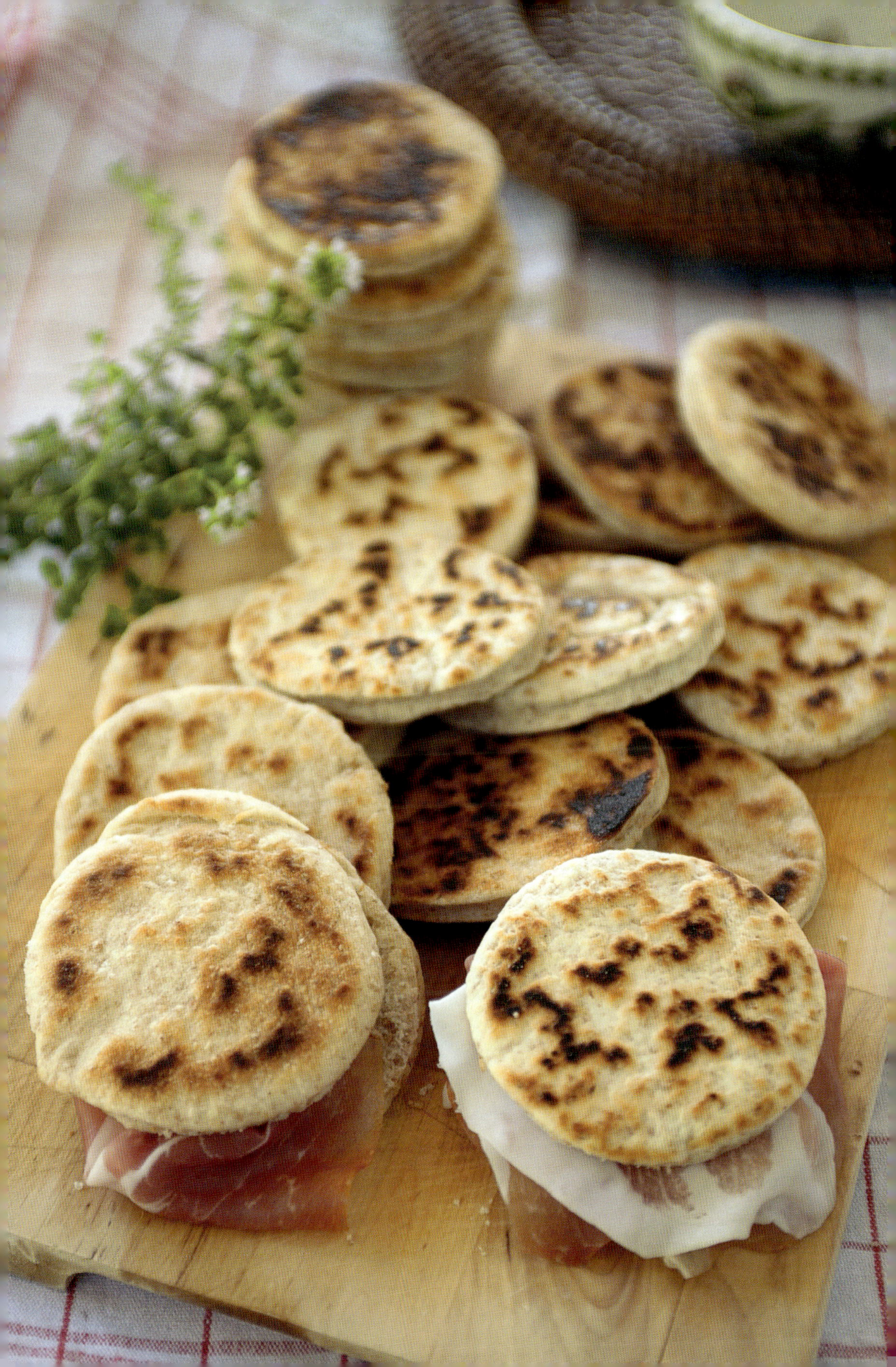

Focacce e pizze

Gnocco fritto

*20 minuti
+ la lievitazione*

INGREDIENTI
- *mezzo chilo di farina di grano tenero tipo 00*
- *25 g di lievito di birra*
- *un dl di latte*
- *un etto di strutto*
- *un cucchiaio di olio di oliva*
- *un pizzico di sale*

1 • Fate sciogliere il lievito nel latte tiepido e amalgamatelo con la farina, poca acqua, l'olio e il sale fino a ottenere un impasto morbido. Lasciate lievitare per circa un'ora.

2 • Stendete una sfoglia alta un centimetro circa e tagliatela a rombi piccoli che friggerete nello strutto bollente per circa 5 minuti.

3 • Una volta fritti i rombi, togliete i pezzetti di pasta dalla padella e sistemateli ritti uno di fianco all'altro in modo da farli sgrondare dall'unto in eccesso. Si mangiano caldi.

Agriturismo Il Ginepro, Castelnovo ne' Monti (Reggio Emilia)

Ecco un altro "pane" presente in quasi tutta l'Emilia anche se **variamente denominato**: gnocchino fritto, gnocc frett, nel Bolognese crescentina, pinzìn nel Ferrarese, torta fritta a Parma sono alcuni dei nomi con i quali lo potrete incontrare.
In questa ricetta evidentemente la parola "gnocco" ha un significato diverso da quello corrente, di pezzetto di pasta a base di patate e farina o di semolino. Si tratta di un significato certo più antico e prossimo alla comparsa del termine, che è di probabile derivazione longobarda, legata cioè alla medesima "civiltà della padella e dello strutto" che ha originato questo cavallo di battaglia delle *arzdoure*, le massaie "reggitrici" delle case emiliane.
Piatto pesantino ma gustosissimo, un tempo robusta colazione dei lavoratori dei campi, oggi è il compagno ideale di prosciutti, salumi, formaggi. Se volete alleggerirlo potete aggiungere all'impasto un pizzico di bicarbonato e sostituire lo strutto con olio extravergine di oliva.

Focacce e pizze — Le Ricette

Gnocco al forno

🕐 *1 ora*
+ la lievitazione

1 • Impastate insieme gli ingredienti tranne il sale (volendo fare l'impasto in casa, si può usare la ricetta dell'impasto molle diretto o indiretto con biga o madre). Lavorate con una certa forza, in modo da ottenere un impasto ben omogeneo.

2 • Prendete una tortiera abbastanza grande, ungetela bene con il burro e adagiatevi l'impasto, modellandolo nella teglia e schiacciandolo con le mani. Dovrà avere uno spessore di 2-3 centimetri.

3 • Con la punta di un coltello incidete la superficie a forma di "griglia" o a losanghe – oppure semplicemente bucherellatela con le classiche fossette – e spolverizzate leggermente di sale.

4 • Lasciate lievitare ancora per circa un'ora e poi infornate a media temperatura. Lo gnocco sarà cotto quando avrà formato in superficie una bella crosta alta almeno un centimetro.

INGREDIENTI
- 8 etti di pasta da pane già lievitata
- 3 etti e mezzo di prosciutto tagliato a dadini (facoltativo)
- 2 uova
- un etto di burro
- sale grosso

Forno Caleffi, Renazzo di Cento (Ferrara)

Focacce e pizze

Focaccia al rosmarino

50 minuti + la lievitazione

INGREDIENTI
- 3 etti e mezzo di farina di grano tenero tipo 0
- 150-180 ml di acqua tiepida
- 15 g di lievito di birra
- 3 g di zucchero
- 6 cucchiai di olio extravergine oliva
- qualche rametto di rosmarino
- 5 g di sale fino
- 5 g di sale grosso

1 • Unite farina, lievito, zucchero, acqua, 3 cucchiai di olio e il sale fino. Impastate a lungo e lasciare lievitare per un'ora.

2 • Trascorso il tempo di lievitazione, rovesciate l'impasto sul tavolo leggermente infarinato e lavoratelo ancora. Adagiatelo, quindi, sulla placca, allargando con le dita fino a raggiungere un centimetro di spessore e realizzando le classiche fossette. Coprite la superficie con le foglioline di rosmarino (volendo potete tritarle finemente e unirle all'impasto o anche fare entrambe le cose).

3 • Cuocete nel forno a 220 °C per 20 minuti circa.

Lidia Angelini, Imperia

Pizza bianca

45 minuti + la lievitazione

INGREDIENTI
- 400 grammi di farina di grano tenero tipo 0
- 300 ml di acqua
- 8 grammi di lievito di birra
- olio extravergine di oliva
- 1 cucchiaino di sale fino
- 1 cucchiaino scarso di zucchero
- 1 cucchiaio di sale grosso

1 • Aggiungete alla farina il lievito e lo zucchero fatti sciogliere in due terzi dell'acqua, quindi mettete l'acqua restante, il sale e 2 cucchiai d'olio e impastate in modo che la l'impasto diventi ben liscio.

2 • Lasciate lievitare per 2 ore in una ciotola coperta, lontano dalle correnti.

3 • Versate l'impasto sulla spianatoia leggermente infarinata e lavoratela ripiegandola su se stessa, poi dividetela in due panetti e fate riposare coperti per 15 minuti.

4 • Stendete con le mani unte l'impasto in due teglie da pizza che avrete oliato, praticando con le dita le classiche fossette e spargendo un po' di sale grosso sulla superficie.

5 • Cuocete nel forno a 220 °C per 15 minuti.

Giuseppina Gagliardi, Roma

Pur chiamandosi pizza, si tratta di una **vera e propria focaccia**, peraltro molto diffusa e amata dai romani non solo della città, ma anche della provincia, che la consumano come uno spuntino spesso imbottita "ca mortazza" cioè con la mortadella.

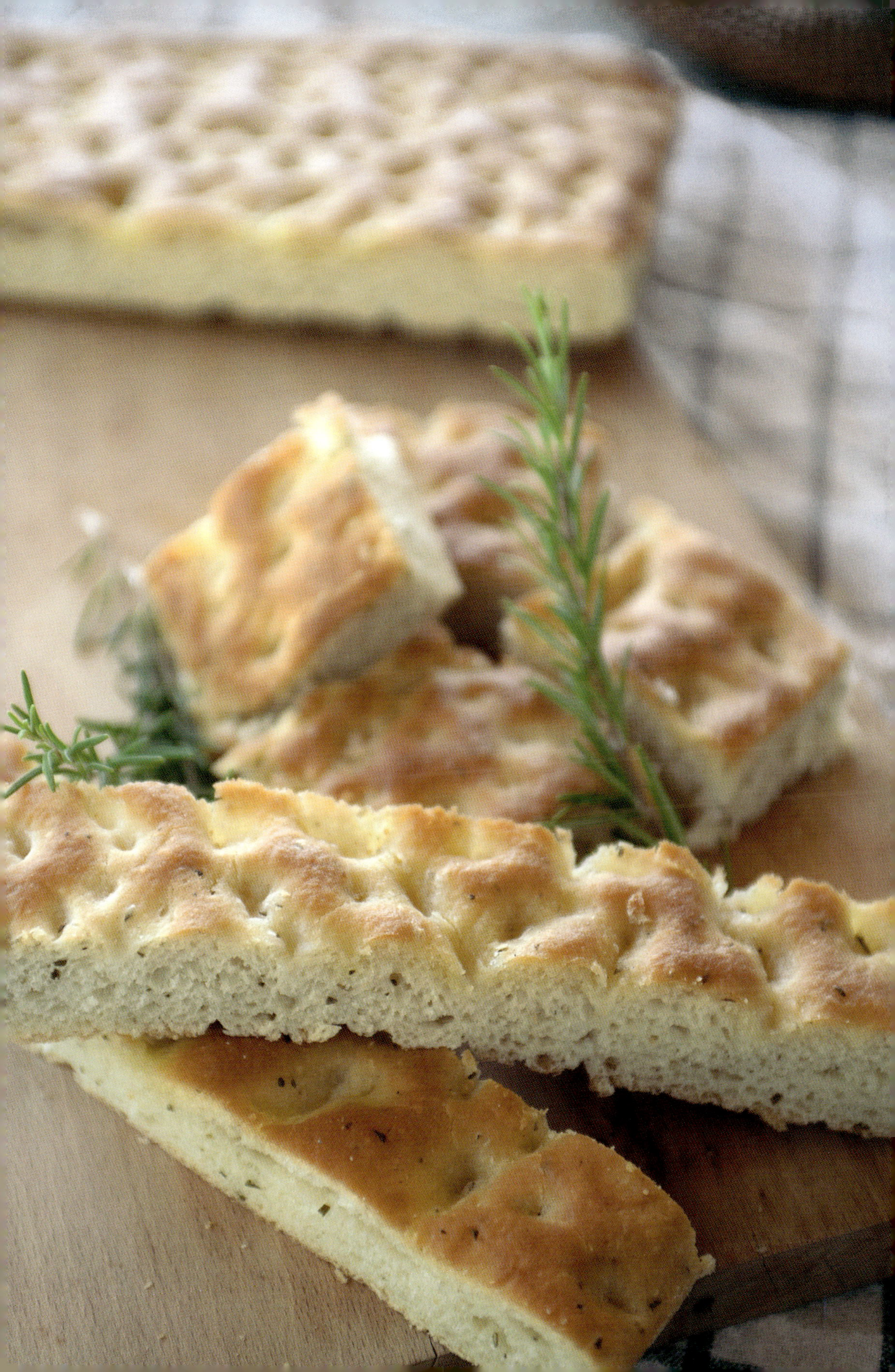

Focacce e pizze

Focaccia ortolana

2 ore + la lievitazione

INGREDIENTI
Per l'impasto
- mezzo chilo di farina di grano tenero
- 20 g di lievito di birra
- un cucchiaio di olio extravergine di oliva
- un pizzico di sale
- un pizzico di zucchero

Per il ripieno
- un mazzetto di asparagi, 2 carciofi, 2-3 patate, un mazzo di erbe di campo
- mezz'etto di parmigiano reggiano
- olio extravergine di oliva
- sale

1 • Pulite e lavate tutti gli ortaggi e lessateli separatamente in acqua salata. Una volta cotti, scolateli bene e lasciateli raffreddare.

2 • Mescolate la farina con il lievito, l'olio, il sale e lo zucchero e lavorate il tutto, aggiungendo acqua tiepida, fino a ottenere un impasto omogeneo e consistente. Copritelo con un canovaccio umido e mettetelo a riposare per un paio d'ore.

3 • Tagliate le verdure lessate il più finemente possibile e conditele con olio extravergine di oliva e sale.

4 • Dividete l'impasto in due parti uguali, che tirerete con il matterello, ottenendo altrettante sfoglie sottili. Sistemate la prima in una teglia larga e bassa, copritela con le verdure e spolverizzate con il parmigiano grattugiato. Sovrapponete la seconda sfoglia e premete bene lungo i bordi per evitare che la farcia fuoriesca in cottura. Spennellate la superficie con un goccio di olio e bucatela con i rebbi di una forchetta.

5 • Infornate a 160 °C per 30 minuti circa. Quando la focaccia apparirà ben dorata, toglietela dal forno e servitela.

Giuliano Guidi, San Costanzo (Pesaro e Urbino)

Pitta di patate

1 ora 10 minuti

INGREDIENTI
- un chilo di patate a pasta gialla
- un ciuffo di prezzemolo
- un mestolo di salsa di pomodoro
- 4 uova
- mezz'etto di pangrattato
- 2 etti di formaggio da grattugia
- olio extravergine di oliva
- sale, pepe

1 • Lavate le patate e lessatele in acqua salata. Fatele raffreddare, sbucciatele e passatele nello schiacciapatate. Unite le uova, la salsa fredda di pomodoro, il formaggio, 2 cucchiai di olio, sale, pepe e il prezzemolo tritato. Impastate tutto.

2 • Ungete un recipiente da forno con olio extravergine di oliva e sistematevi l'impasto, formando uno strato uniforme e, con le mani unte di olio, pareggiatelo. Spolverizzate con il pangrattato. Forate la superficie con i rebbi di una forchetta e cuocete in forno preriscaldato a 200 °C finché non sarà di un bel colore dorato.

Trattoria Rua de li Travaj, Patù (Lecce)

Nel Sud si chiama **pitta** (la radice è la stessa di pizza) una focaccia di pasta da pane lievitata, cotta in forno, tagliata a metà e farcita con vari ingredienti, o semplicemente condita con olio, sale e pepe. Qui il termine è applicato per analogia a un impasto a base di patate.

Focacce e pizze — Le Ricette

Fainé sassarese

45 minuti
+ il riposo

INGREDIENTI
- *un chilo di farina di ceci*
- *2 grosse cipolle*
- *semi di finocchio selvatico*
- *mezzo bicchiere di olio di oliva*
- *sale, pepe nero*

1 • Versate la farina di ceci in un contenitore capiente e stemperatela aggiungendo acqua poco alla volta e continuando a mischiare con la frusta affinché non si formino grumi. Quando avrete ottenuto una poltiglia di consistenza piuttosto densa, lasciate riposare l'impasto per tutta la notte.

2 • Il mattino successivo prelevate e gettate il liquido schiumoso che si sarà formato superficialmente.

3 • Mondate le cipolle, affettatele e cuocetele a fuoco lento in due cucchiaiate di olio di oliva. Una volta imbiondite, incorporatele alla farina di ceci e mescolate il tutto per ottenere un composto uniforme.

4 • Ungete una teglia da forno e stendetevi la fainé, dandole uno spessore uniforme di circa 5-6 millimetri. Infornate la teglia a 220 °C e lasciate cuocere per 25 minuti o, comunque, finché in superficie non si sia formata una crosticina dorata.

5 • Poco prima di estrarre la fainé dal forno, cospargetela di sale, pepe nero macinato al momento e granelli di finocchio selvatico.

Gesuino Mura, Sassari

La fainé è sostanzialmente una **focaccia condita** che si prepara quasi esclusivamente nella zona del Sassarese. Il fatto che qui l'impasto preveda anche la cipolla stufata, la differenzia da altre preparazioni presenti in altre regioni. Il comune denominatore rappresentato dalla farina di ceci crea interessanti collegamenti fra questa e altre specialità costiere, quali la farinata ligure e la cecina livornese, tipiche di aree in qualche modo collegate, per ragioni storiche o di prossimità geografica, alla zona nordoccidentale della Sardegna. La versione sarda appartiene, come le altre, alla tradizione dei cibi di strada, interpretata in modo più ricco e saporito.

Focacce e pizze

1 ora + la lievitazione

Focaccia farcita alle erbe

INGREDIENTI
Per l'impasto
- *600 g di farina di grano tenero*
- *25 g di lievito di birra*
- *un cucchiaio di olio extravergine di oliva*
- *un pizzico di sale, un pizzico di zucchero*
- *acqua tiepida*

Per il ripieno
- *100 g di asparagi selvatici*
- *100 g di carciofi tagliati sottilmente*
- *100 g di patate tagliate a fette sottili*
- *100 g di cicoria selvatica o altre erbette*
- *2 cucchiai di olio extravergine di oliva*
- *3 cucchiai di parmigiano grattugiato*

1 • Lessate separatamente in acqua salata le erbe, gli asparagi, le patate e i carciofi. Scolate le verdure appena cotte e fatele raffreddare.

2 • Impastate la farina con l'acqua, il lievito sbriciolato, l'olio, il sale e lo zucchero, fino a ottenere una massa elastica e consistente che deve riposare sotto un canovaccio umido per almeno un'ora (meglio se più a lungo).

3 • Trascorso il tempo della lievitazione, manipolate l'impasto per farlo sgonfiare, poi dividetelo in due parti uguali da tirare col matterello, o meglio con le dita, in una sfoglia spessa mezzo centimetro.

4 • Ungete con olio una larga e bassa teglia da forno, adagiate la prima sfoglia nella teglia, copritela uniformemente con le verdure mescolate e condite con un paio di cucchiai d'olio; spolverare con parmigiano grattugiato.

5 • Coprite con la seconda sfoglia premendola ai bordi per attaccarla alla base. Spennellate la sfoglia in superficie con olio e bucatela con una forchetta.

6 • Mettete nel forno già caldo (160 °C) la focaccia e cuocete per circa 30 minuti, fino a che la copertura non sarà diventa dorata.

Agriturismo La Cittadella dei Sibillini, Montemonaco (Ascoli Piceno)

Un precedente illustre di questo piatto è la **"torta de herbe"** descritta nel Trecento – in una versione arricchita dalla presenza di uova che servivano a legare il ripieno – dall'anonimo autore veneziano del *Libro per Cuoco*.

Questa focaccia farcita è la variante elegante delle fette di pane con in mezzo la verdura, cotta il giorno prima e ripassata con un poco di lardo in padella, che rappresentavano per il contadino o l'operaio, impegnati in lavori lontano da casa, il piatto unico di mezzodì.

In estate gli asparagi e i carciofi possono essere sostituiti con melanzane e zucchine, tagliate a fettine sottili e scottate in acqua salata. Meglio sarebbe utilizzare nella preparazione di questa focaccia le "erbe trovate", cioè quelle verdure di campo (smoracce, grespegne, papagne, cicoria, ubbiti ecc.) che le conferirebbero un sapore davvero speciale. Ma se non siete competenti conoscitori, affidatevi alle tradizionali verdure che trovate in vendita.

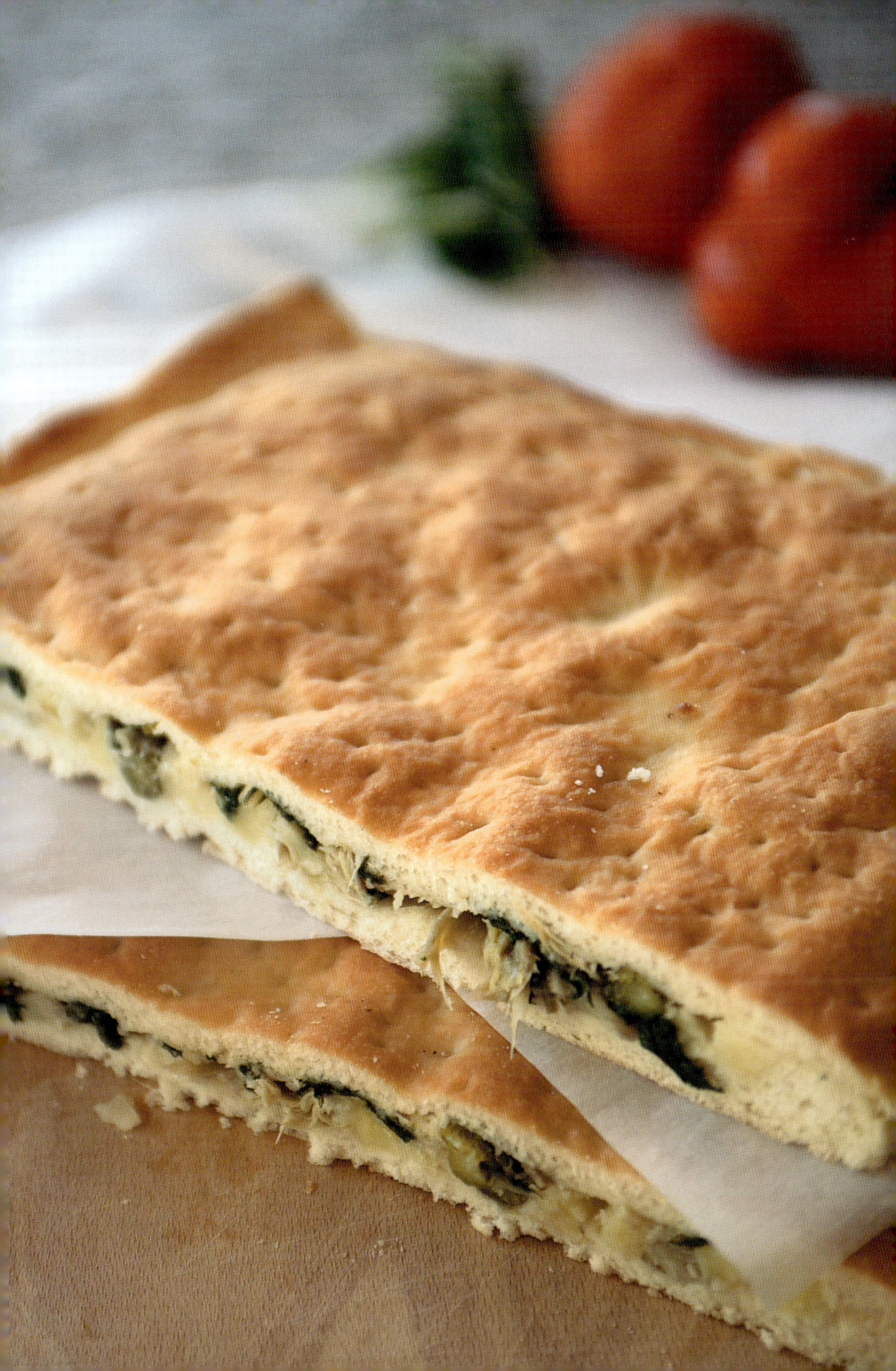

Pizza al formaggio

*2 ore
45 minuti
+ la lievitazione*

INGREDIENTI
- *un chilo di farina di grano tenero tipo 0*
- *mezz'etto di lievito di birra*
- *2 etti di formaggio pecorino stagionato grattugiato*
- *un etto e mezzo di pecorino meno stagionato grattugiato*
- *un bicchiere di olio extravergine d'oliva*
- *6 uova intere e un tuorlo*
- *la scorza di un limone grattugiata*
- *2 pizzichi di sale, una manciata di pepe*

1 • La sera precedente la preparazione, mescolate 50 grammi di lievito sbriciolato, un etto di farina e tanta acqua tiepida quanta ne occorrerà per ottenere una pasta molto morbida. Lasciatela riposare per la notte intera in un luogo tiepido.

2 • La mattina seguente adagiate la pasta lievitata sulla spianatoia, unite la rimanente farina, disponetela a fontana e versatevi l'olio, 6 uova, il sale, il pepe, la scorza di limone, i formaggi di diversa stagionatura e il lievito rimasto. Usando la punta delle dita, mescolate adagio i vari ingredienti e fateli amalgamare bene.

3 • Formate una sfera e sistematela in una terrina (le massaie, un tempo, usavano il corbello di vimini foderato con un tovagliolo: se ne possedete uno utilizzatelo, perché così l'impasto lieviterà più facilmente), copritela con un tovagliolo e mettetela in un luogo tiepido, lasciandola lievitare per circa 3 ore.

4 • Ungete con un po' d'olio una tortiera con bordo alto e distendetevi la pasta, che dovrà lievitare ancora per un'ora.

5 • Spennellate delicatamente la superficie della pizza con il tuorlo d'uovo sbattuto e infornate a calore moderato sino a cottura ultimata. Servite la pizza fredda.

Pietro Cosignani, San Benedetto del Tronto (Ascoli Piceno)

Dopo il periodo quaresimale, inframmezzato il 19 marzo dai "fritti di San Giuseppe", ci si preparava a interrompere la teoria di aringhe e sardine, verdure e polente "bianche" (i centri della costa godevano, da questo punto di vista, di regimi quaresimali meno deprimenti, grazie al pescato) con un adeguato pranzo pasquale. Era l'occasione per assaggiare i salumi confezionati in inverno, accompagnandoli preferibilmente alla pizza al formaggio. A San Benedetto del Tronto (dove il signor Pietro Cosignani, che ci ha fornito questa ricetta, aveva un forno), nel giorno dopo Pasqua era tradizione recarsi a scampagnare nella zona collinare di San Francesco, e della merenda questa pizza era protagonista indiscussa. Essa aveva anche un forte significato di identità religiosa, specie nei centri marchigiani in cui c'erano comunità ebraiche. Proprio nei giorni in cui gli ebrei interrompevano la consuetudine di preparare pani lievitati, infatti, la comunità cattolica eleggeva a proprio piatto simbolico questa pizza pasquale, con evidente significato di diversità.

Focacce e pizze — Le Ricette

Pani cun tamatica

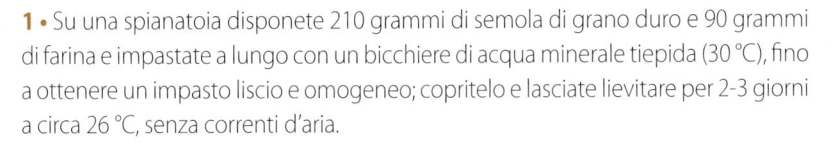

3 ore
30 minuti
+ la lievitazione

INGREDIENTI
- *3 etti e mezzo di semola di grano duro, un etto e mezzo di farina di grano tenero*
- *7-8 etti di pomodori maturi*
- *3-4 spicchi d'aglio, qualche foglia di basilico*
- *olio extravergine di oliva o olio di lentischio*
- *sale, pepe*

1 • Su una spianatoia disponete 210 grammi di semola di grano duro e 90 grammi di farina e impastate a lungo con un bicchiere di acqua minerale tiepida (30 °C), fino a ottenere un impasto liscio e omogeneo; copritelo e lasciate lievitare per 2-3 giorni a circa 26 °C, senza correnti d'aria.

2 • Trascorso il tempo, cominciate con i rinfreschi aggiungendo in due volte la farina e la semola avanzate, impastando con pari quantità di acqua e lasciando passare almeno 2 ore tra l'uno e l'altro: alla fine il composto dovrebbe avere almeno raddoppiato il suo volume. Dividete la massa in panetti e fate riposare per un'ora.

3 • Per il ripieno: lavate i pomodori e spezzettateli grossolanamente privandoli dei semi, salateli poco e lasciateli sgocciolare per 2 ore in uno scolapasta. Sbucciate l'aglio e tritatelo finemente, spezzate le foglie di basilico e versate tutto in una ciotola; unite i pomodori, regolate di sale, e condite con pepe e olio extravergine o, per un aroma più intenso, con olio di lentischio; mescolate e lasciate riposare un'ora al fresco.

4 • Ungete con olio alcune teglie da forno di forma circolare e spolverizzatele con la farina; stendete i panetti con un matterello, adagiateli nelle teglie rialzando i bordi, farcite ognuno con parte del ripieno, ripiegate i lembi di pasta richiudendoli sulla farcia (lasciando un piccolo foro centrale) e spennellate la superficie con olio.

5 • Preriscaldate il forno a 200 °C – se utilizzate un forno ventilato – e disponete i pani nella posizione intermedia, cuocendo per circa un'ora, fino a doratura. Sfornate e irrorate con un giro d'olio extravergine, lasciate intiepidire e servite.

Gianni Serra, Carbonia

Pizza de turco con cicoria

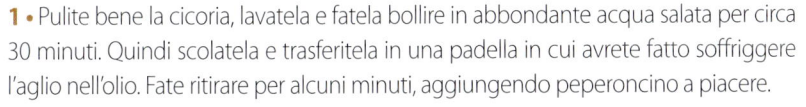

1 ora

INGREDIENTI
- *mezzo chilo di cicoria (preferibilmente selvatica)*
- *2 spicchi di aglio*
- *4 etti di farina di mais*
- *olio extravergine di oliva*
- *peperoncino in polvere*
- *sale*

1 • Pulite bene la cicoria, lavatela e fatela bollire in abbondante acqua salata per circa 30 minuti. Quindi scolatela e trasferitela in una padella in cui avrete fatto soffriggere l'aglio nell'olio. Fate ritirare per alcuni minuti, aggiungendo peperoncino a piacere.

2 • Nel frattempo, servendovi di una paletta di ferro, impastate la farina gialla con mezzo litro di acqua bollente salata. Stendete l'impasto ottenuto in una teglia di circa 33 centimetri di diametro e cuocete in forno preriscaldato a 180 °C (per una cottura ideale occorrerebbe il forno a legna: in tal caso la pizza va messa sul piano refrattario e su di essa va appoggiato un coperchio pieno di cenere calda).

3 • Una volta pronta, la pizza va tagliata in due e farcita con la cicoria.

Ristorante Belsito, Serrone (Frosinone)

Focacce e pizze

2 ore 10 minuti

Pizza alla napoletana

INGREDIENTI
Per la pasta da pane
- 7 etti di farina di grano tenero tipo 00
- 30 g di lievito di birra
- un bicchiere colmo d'acqua
- 2 cucchiai di olio extravergine di oliva
- un pizzico di sale

Per il tavolo e le teglie
- un etto di farina di grano tenero tipo 00
- 2 manciate di semolino (semola rimacinata di grano duro)
- 4 cucchiai di olio extravergine di oliva

Aglio, olio e pomodoro
- un etto e mezzo di passata di pomodoro
- mezzo spicchio d'aglio tritato
- origano abbondante
- 3 cucchiai di olio extravergine di oliva, sale

Margherita
- un etto e mezzo di passata di pomodoro
- un ciuffo di basilico
- un etto e mezzo di fior di latte tagliato a cubetti
- 2 cucchiai di parmigiano reggiano grattugiato
- 3 cucchiai di olio extravergine di oliva
- sale

1 • Preparate l'impasto per la pasta da pane con le dosi indicate, lavorandolo bene e tenendolo piuttosto morbido. Fatelo lievitare coperto da un panno.

2 • Procuratevi delle teglie circolari di 30-35 centimetri di diametro e non più alte di due o tre centimetri. Ungetele con poco olio e spolveratele con semolino in modo che l'impasto non sia a diretto contatto con la teglia.

3 • Quando la pasta è lievitata (ma non in modo eccessivo) dividetela in quattro parti e iniziate a stenderla con le mani; raggiunto il diametro voluto (le dosi sono per 4 pizze di circa 30 cm di diametro), sistematele nella teglia, condendole secondo il vostro gusto.

4 • Per la cottura, avrete intanto riscaldato il forno fino alla temperatura di 300 °C. Infornate una teglia per volta per 8-10 minuti, o meglio fino a quando il "cornicione" della pizza sarà gonfio e brunito.

5 • Per il condimento con aglio, olio e pomodoro, procedete così: una volta che l'impasto è nella teglia, stendete con un cucchiaio il passato di pomodoro in senso rotatorio, lasciando nudo un margine esterno perché gonfi il cornicione. Distribuite l'origano spezzettato, l'aglio tritato, sale e olio e infornate.

6 • Per la Margherita, stendete con il cucchiaio il passato di pomodoro, come sopra; condite con i cubetti di fior di latte, parmigiano, sale, olio e le foglie di basilico fresco, quindi infornate.

Ristorante-pizzeria Casa Rossa al Vesuvio, Ercolano (Napoli)

Che dire che già non sia stato detto del **fast food mediterraneo**, cui un felice destino ha assegnato il ruolo di ambasciatore dell'Italia nel mondo? Ci limitiamo a riportare la premessa che Crescenzo Pinto della Casa Rossa di Ercolano ha accluso alle sue classiche "variazioni sul tema" del cibo partenopeo per eccellenza: «La vera pizza napoletana va cotta nel tradizionale forno da pane, circolare e in mattoni, su fuoco alimentato con legna o fascine. Non è possibile, con i forni moderni, ottenere un risultato identico. Ci si può tuttavia impegnare per averne uno soddisfacente». Auguri.

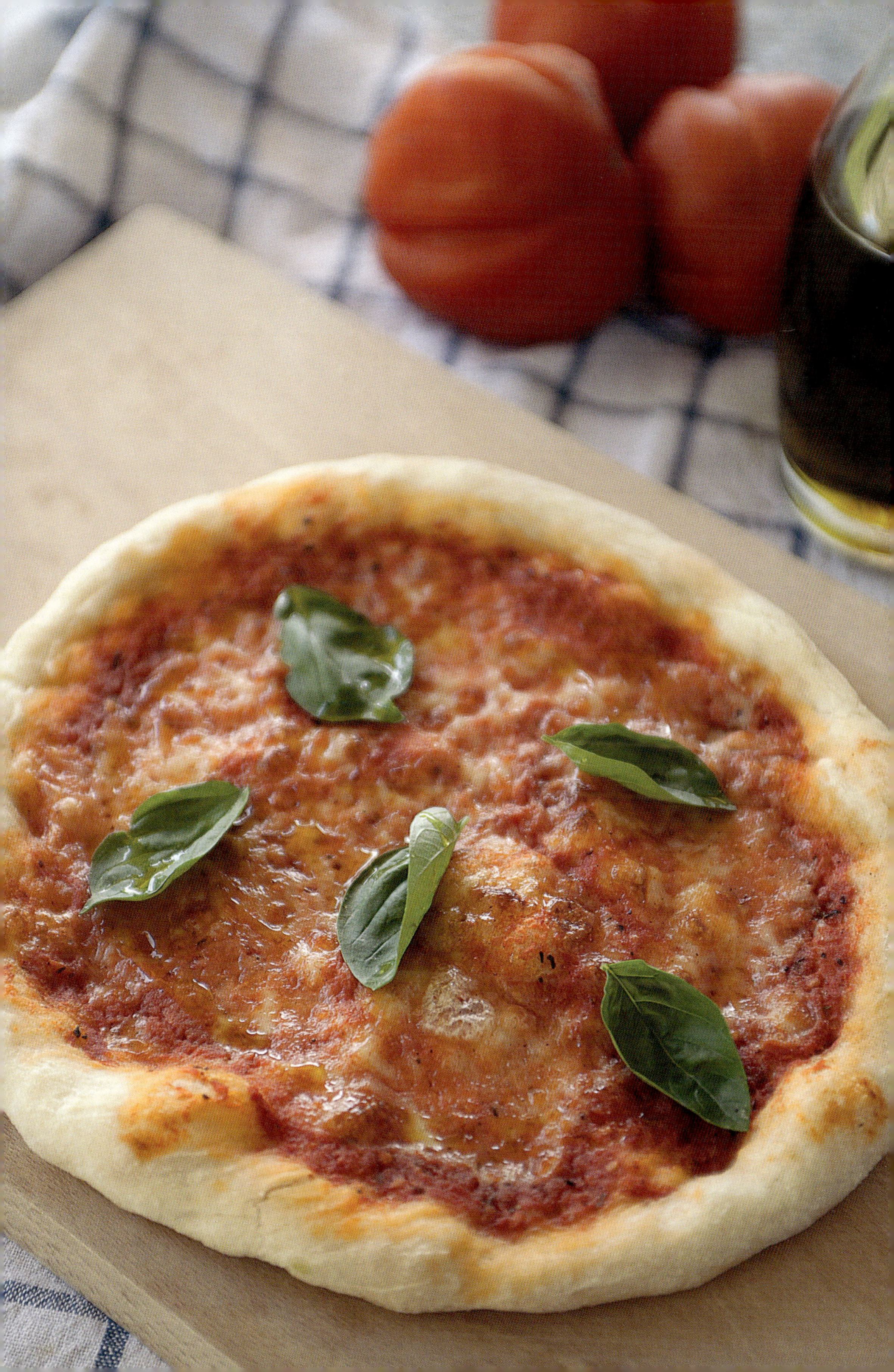

Focacce e pizze

1 ora 15 minuti

Calzone con sponsali e nasello

INGREDIENTI
Per l'impasto
- un chilo di farina di grano tenero tipo 00
- 25 g di lievito madre
- olio extravergine di oliva
- sale, pepe (facoltativo)

Per il ripieno
- un chilo di sponsali
- mezzo chilo di cimette di cavolfiore verde
- una manciata di olive nere
- 3 etti di filetti di nasello
- un uovo
- pecorino romano
- olio extravergine di oliva
- sale, pepe

1 • Impastate la farina con il lievito e un po' di acqua salata e fatela lievitare.

2 • Intanto tagliate le cipolle a fette sottili e soffriggetele in olio con un pizzico di sale. Lavate le cimette di cavolfiore e lessatele in acqua bollente salata.

3 • Infarinate e friggete i filetti di nasello.

4 • Dividete in due parti uguali la pasta lievitata e stendetele col matterello formando due dischi. Ricopritene uno con le cipolle soffritte, le cimette di cavolfiore, i filetti di nasello, le olive snocciolate, l'uovo sbattuto con abbondante pecorino grattugiato, un pizzico di pepe e un filo di olio.

5 • Coprite con l'altro disco di pasta e schiacciate i bordi con le dita affinché il ripieno non fuoriesca. Bucherellate la superficie con i rebbi di una forchetta e condite con un filo di extravergine.

6 • Cuocete il calzone nel forno (possibilmente a legna) alla temperatura di 200 °C fino a doratura. Servitelo caldo o freddo.

Pietro Grossolino, Molfetta (Bari)

Si chiamano **sponsali** (o sponzali o spunzale) i bulbi oblunghi della cipolla porraia, un ortaggio tipicamente pugliese che matura in primavera ed è consuetudine consumare nel periodo della Quaresima. Se non li trovate, potete sostituirli con comuni cipolle novelle o cipollotti.
Di questo calzone, esistono versioni nelle quali si preferiscono al nasello le alici, che possono anche essere infarinate o impanate con l'uovo e fritte. Il cavolfiore verde qui utilizzato appartiene alla famiglia delle Crocifere come quello bianco: il colore dipende dalla clorofilla che ha sviluppato l'infiorescenza non essendo ben racchiusa all'interno delle foglie.

Focacce e pizze — Le Ricette

Calzone di carne e cipolle

🕐 1 ora 15 minuti

1 • Mescolate la farina con il lievito, aggiungete un po' di acqua salata, lavorando energicamente per ottenere un impasto omogeneo, e lasciate lievitare.

2 • Intanto tagliate le cipolle a fette sottili e soffriggetele in olio con un pizzico di sale. A doratura avvenuta, unite la polpa macinata di cinghiale (o di maiale) e portatela a metà cottura lentamente.

3 • Dividete in due parti uguali la pasta lievitata e stendetele col matterello formando due dischi. Disponete su uno le cipolle e la carne, un pizzico di pepe e un filo di olio extravergine di oliva.

4 • Ricoprite con l'altro disco di pasta e schiacciate i bordi con le dita affinché il ripieno non fuoriesca.

5 • Condite con sale, olio e, se volete, un pizzico di pepe macinato di fresco.

6 • Cuocete il calzone nel forno (possibilmente a legna) a 220 °C e servitelo caldo o freddo.

INGREDIENTI
Per l'impasto
- un chilo di farina di grano tenero tipo 00
- 25 g di lievito madre
- olio extravergine di oliva
- sale, pepe (facoltativo)

Per il ripieno
- un chilo di cipolle novelle
- 3-4 etti di polpa di cinghiale (o di maiale)
- olio extravergine di oliva
- sale, pepe

Lucia Coscia, Toritto (Bari)

Indice delle preparazioni

B
Baule 51
Biga 37
Biova 52

C
Calzone 100
Calzone con lo spunzale 100
Ciambella 53
Coppia ferrarese 49
Crescia maceratese 87

F
Filone 53
Fitascetta comasca 90
Focaccia di Genova 87
Focaccia di patate 91
Focaccia di Recco 88
Focaccia di Voltri 88
Folding 45

G
Grissini 60

I
Impasto base per pizza
  con le trebbie 96
Impasto base per pizza
  con lievito di birra 95
Impasto base per pizza
  con lievito madre 93
Impasto base per pizza
  di farina integrale
  con lievito madre 95
Impasto duro
  con metodo diretto 47
Impasto duro
  con metodo indiretto 48
Impasto molle
  con lievito madre 44
Impasto molle
  con metodo diretto 43
Impasto molle
  con metodo indiretto 44

L
Lievito madre semiliquido 39
Lievito madre solido 39

M
Mafalda 52
Michetta 57
Montasù 50

P
Pagnotta 54
Pane di Altamura 54
Pane di segale integrale 58
Pitta calabrese 103
Pizza Margherita 97
Pizzalandrea 103
Pizze con i salumi 99
Pizze con le verdure 98
Poolish 36

R
Rianata 102
Rinfresco 40
Rinfresco finale 41

S
Schiacciata
  con i ciccioli 89
Schiacciata
  con l'uva fresca 90
Sfincione 101

T
Torta con le erbe 102
Treccia challah 59

Indice delle ricette

B
Baguette 66
Borlenghi 106

C
Calzone con sponsali
   e nasello 122
Calzone di carne
   e cipolle 123
Chizze 107
Ciriola 79
Civraxiu 74

F
Fainé sassarese 115
Focaccia al rosmarino 112
Focaccia farcita
   alle erbe 116
Focaccia ortolana 114
Friselle 80

G
Gnocco al forno 111
Gnocco fritto 110

M
Marocca di Casola 72
Miasse 106

P
Pan di ramerino 70
Pane carasau 76
Pane con castagne
   e uvetta 69
Pane con olive 72
Pane di mais 71
Pane di patate 71
Pane di zucca 74
Pane integrale 69
Pane nero
   di Castelvetrano 68

Pane pugliese 68
Pane toscano 66
Pani cun tamatica 119
Pani zichi 75
Piadina 104
Pitta di patate 114
Pizza al formaggio 118
Pizza alla napoletana 120
Pizza bianca 112
Pizza de turco
   con cicoria 119

S
Spianata di Ozieri 105
Stria 105

T
Taralli 78
Taralli napoletani 78
Tigelle integrali 108

piattoforte
CUCINARE ITALIANO

Dall'esperienza di Giunti, primo editore italiano di libri di cucina, nasce **piattoforte**.it il nuovo sito di cucina ed enogastronomia

Direttore editoriale Marco Bolasco

SEGUICI SU:

www.piattoforte.it GIUNTI